5分の掃除でパパっと開運！

お掃除したら、いいことあった！

こんにちは！
イラストレーターのにしだきょうこです
主に雑誌や書籍のイラストを描いています
仕事場は自宅の一室
本棚で仕切っている
パソコン
パソコン
グラフィックデザイナーの夫と一緒に働いています
子どもは小学2年生
元気にすくすくと育っています
ママ友からは
やっぱイラストレーターとデザイナーの家っていったらオシャレでステキなんでしょー
と言われます

……が
………
修羅場明け
ヨレッ…
プ~ン
ぐっちゃ~~
おつかれ~
芸術
キッキー
現実はこんな感じです

こらっ!!
またこんなに散らかして!
おかあさんのカミナリ落ちた〜
あーあ…
すぐ散らかるんだから…
今日は○○さんのご自宅を拝見〜
は〜〜
キレイな家〜
うちもこんな家だったらな〜
バリバリ
ここに住み始めた頃はインテリアにもこだわってたのに…
やっぱ北欧♪
いまやホコリまるけ…
家事やら仕事やらに追われていつの間にかぐちゃぐちゃに…
バリ

ま、これはこれで居心地いいけどね…
ピロソン♪
にしださま
お掃除本
つくりませんか？
L社 編集W
おっ、掃除本!?
タイムリー
うちの状況が見えてるのだろうか…
透視？
なぜ？
翌日
L社
この後、監修の先生が来ますので…
編集Wさん
(独身・1人暮らし)
はーい
でもにしださんの家、キレイそうですよねー
ドキッ

にしだの回想
かつてインテリア雑誌の編集者にもそう言われ…
ん、まあ雰囲気はいいかな?
今度おじゃまさせてくださーい
夫と2人、徹夜で掃除し…
うおー
ダダダ
カーテンぬった
それっぽい物飾ってみた
うわーステキなお宅ですねー
来たかいがあったわー
GOOD JOB!
完全に社交辞令
などと言ってくれたがその後、何の連絡もなく…
ガクガク
どうしました?
ちょっとトラウマを思い出して…
こんにちはー
あ、先生ですね
この方が北野先生です
はっ

はじめまして
北野貴子と申します
まぶしー!!
この時、私は
まだ知らなかった
この人が
?
幸運の女神様に
なることを…
そして
北野さん
今日も後光
さしてますねー
やーだ
何を
おっしゃい
ますか〜
……
ドキドキ
怒濤の掃除レッスンが
始まることを…

もくじ

第1章　掃除のきほん

第2章　運がよくなる掃除術

第3章　開運インテリア

登場人物紹介

にしだきょうこ

イラストレーター。忙しさにかまけて、つい掃除を後回しにしがち。年末の大掃除は、小掃除レベルで終わってしまう。

ひろあき

グラフィックデザイナーの夫。骨董品やこけしが好き。以前は掃除嫌いだったが、最近トイレ掃除に目覚めた。

えいくん

元気いっぱいの小学２年生の息子。ゲームが好き。片付けが苦手で、学校のプリントをよくなくす。

ワタナベ

出版社でデザインと編集にいそしむ、独身アラサー。年に数回、ものすごい勢いで掃除するが、基本はめんどくさがり。

北野貴子

婚活アドバイザーを務めるかたわら、風水による開運アドバイスも行う。上品で温厚だが、掃除のことになると目の色が変わる。

第1章

掃除のきほん

北野先生は、普段は婚活アドバイザーとして活躍されてるんです
もとCAです
婚活!?
しかもスッチー!?
それが本業なんですけど
前職で学んだ風水の知識を活かして占いもしているんです
婚活の会員様に恋愛運アップのアドバイスもしています
ほえー
先生は家の間取りを見るだけでその人の性格や暮らし方もわかるんですよねー
私はなまけものとかー
うふふ
す、すごい!!
なんだろうこの人…
で、今回は運がよくなる掃除術を教えてもらおうと思って

運?
掃除で運が上がるんですか?
もちろんです!!
ガタ
おお
家は私達の運に直結してるもの…
おうちがキレイなら誰でもすぐ運のいい人になれるんですよ
私も先生に聞いて掃除したら臨時収入が入ったんですよ
エヘー♡
なんと!
ここに経験者アリ
お掃除すればわざわざ遠くのパワスポに行かなくても…
おうちがパワスポになってくれるんですよ
いい運
おお──っ

掃除が苦手で部屋が汚い人ほど即効で運が上がります
うふふ
じ〜ん
今汚いから…
私のための言葉…!!
にしださんは風水はご存知ですか?
はっ
え、えっと…トイレ掃除すると金運が上がるとか…
そうそう!
…でもですねぇ
前にもやってみたんですけど…
なんかイマイチ効果がなくて…
よしっ
こんな感じか??
ふきふき
めんどくせ…汚れたらやろー
……
TOILET
結局続かなかったんです
テヘ♡

キラーン
その時「お金来い」って必死になってやりませんでした？
ドキッ
はうっ!!
図星!!
運は、掃除してる人の気持ちやエネルギーに左右されるんです
カネほしい〜
宝くじ当たれ〜
宝くじ当たったら
アレ買って〜
旅行して〜♪
金運ダウン…
金運アップ!!
楽しく、ポジティブな気持ちで掃除するのが大切ですよ

確かに…必死だったかも
カオこわかったかも!
頑張りすぎちゃうと効果ないんですね
気をつけよー!
あと、少しずつでいいから毎日掃除するといいですよ
え~~ 毎日…?
それ大変~ ムリっス
全部の部屋じゃなくて、玄関・トイレ・台所だけでもいいから
毎日「掃除しにきたよー」って行くと、部屋が喜んで
今日も掃除にきたよ~♪
おうちや家族をしっかり守ってくれるのよ
さっと掃くだけでもOK!!

基本

家のどこかを5分、
掃除するだけでも
運はすぐによくなるから
やってみてね
わかりました!!
先生! 金運や仕事運アップの
方法もあるんですか!?
たくさんありますよ
玄関とか
デスクとか…
わ〜
色々聞きたいです〜!!
じゃあにしださんのご自宅で
直接レクチャーしましょう
そのほうが
早いですよね
えっ…
わー
楽しみ
です〜
うふふ
やばい…
打ち合わせだけで
終わると思ってたのに…

掃除がもたらす効果

きちんと掃除すれば、誰でも幸運体質に！

キレイな環境が幸運をもたらす

人は、自分が住んでいる環境から、色々な影響を受けます。心地よい環境にいれば、健康で楽しい人生が送れます。一方、不快な環境にいれば、心も体も不調になり、暗い人生になってしまうことも…。最近ツイてないと感じたら、家や部屋の汚れが原因かも。掃除で好転させましょう。

スッキリ空間でいい運を招く

体の代謝と同じように、運も流れがよく、スムーズにめぐることが大切。ゴミがないようキレイに掃除し、スッキリした空間をつくりましょう。換気して風通しもよくすれば、いい運がどんどん入ってくるように！

ゴミをためると悪運がとどまる

部屋にゴミや不用品、汚れがたまると、悪運が増えてツイてない状態に。太りやすくなる、散財する、ネガティブ思考になる、出会いを遠ざけるなど、マイナスな状況が続きます。掃除でゴミと悪運を出し、いい運や出会いを招きましょう。

部屋の状態が、心と体の状態にそのままリンクします

場所によって上がる運が変わる

玄関は全体運、台所は金運など、場所によって上がる運は変わります。ほしい運の部屋から掃除すれば、期待も高まり、楽しく掃除できるでしょう。玄関とトイレ、台所の3ヵ所は毎日掃除し、キレイをキープすると、運がグンと上がります。

memo

風水って？

風水とは、中国に伝わる環境学のこと。部屋や家など、自分の身の周りの環境を心地よく整えることでいい気（エネルギー）を取り込み、様々な運を上げることができます。日本でも江戸の町づくりや建築、インテリアなどに活用されています。

環境が整えば、運はすぐよくなります

掃除のコツ

ポイントを押さえれば、頑張らなくてもキレイをキープできます

少しの工夫で掃除がラクに

自己流で何となくしている掃除。しかし、間違った掃除の仕方をしていると、必要以上に時間と労力がかかってしまいます。手間なく簡単に掃除するコツを知り、効率よくキレイにしましょう。一度に全部やろうとせず、少しずつやれば達成感が得られ、掃除する習慣も身につきます。

掃除の基本の5ステップ

①から始め、汚れが落ちない場合は、次のステップに進みましょう。余分な労力や手間がかからず、キレイになります。

- ① ホコリを取る
- ② 水でぬらす・洗う・拭く
- ③ 湯でぬらす・洗う・拭く
- ④ 弱めの洗剤を使う
- ⑤ 強めの洗剤を使う

基本

掃除する前にものを片付ける

ものが散らかっていると、ものをどかしながら掃除することになり、効率もダウン。まずはものを片付け、掃除しやすい状態をつくりましょう。「一時避難ボックス」をつくり、散らかっているものをそこに集めてから掃除するのも、オススメです。

おかし
ひとまず
ここへ！

普段から「出したものは元に戻す」ことを習慣にしましょう。ものを片付けておくと、掃除もスムーズにできます。

「使ったら掃除」を心がける

忙しい毎日で「掃除する時間」をつくるのは難しいもの。それより、料理したら台所についた汚れを取る、トイレの後に便器をさっと磨くなど、使用後のプチ掃除を習慣にしましょう。使ってすぐなら汚れが落ちやすく、悪運もたまりません。

ついてすぐの汚れなら
洗剤なしで落とせるよ

掃除道具をそばに置いておくと
ついで掃除が習慣に

「ついで掃除」で汚れをためない

テレビを見ながらテーブルを拭く、歯磨きのついでに洗面所の鏡を磨くなど、「ついで掃除」をまめにしましょう。少しの手間でキレイになり、悪運も落とせるので、一石二鳥です。家族にも協力してもらえば、家じゅうがキレイに。

短く時間を区切って集中力アップ

一度に隅々までキレイにしようとするのは、挫折のもと。集中力が続かず、やる気が下がってしまいます。「まずは10分だけ」と短く時間を区切り、掃除してみましょう。「掃除しなくちゃ」という気負いが減り、集中して掃除できます。

「今日はここだけ掃除しよう」と決めてやれば、達成感も得られます

出勤前や家事の合間、寝る前などのスキマ時間に、ささっと掃除するのもオススメ。汚れがたまりにくくなり、キレイな部屋をキープできます。

基本

場所に応じた掃除ペースを

毎日全ての部屋をキレイに…というのは難しいもの。下のイラストを参考に、部屋や場所によって掃除するペースを変えましょう。

部屋全部をキレイにできなくても、部屋の四隅の掃除・換気・ゴミ拾いは、できるだけ毎日しましょう。悪運がたまらなくなります。

ペットがいる場合は、抜け毛掃除やトイレ周りの掃除・消臭を毎日行いましょう。

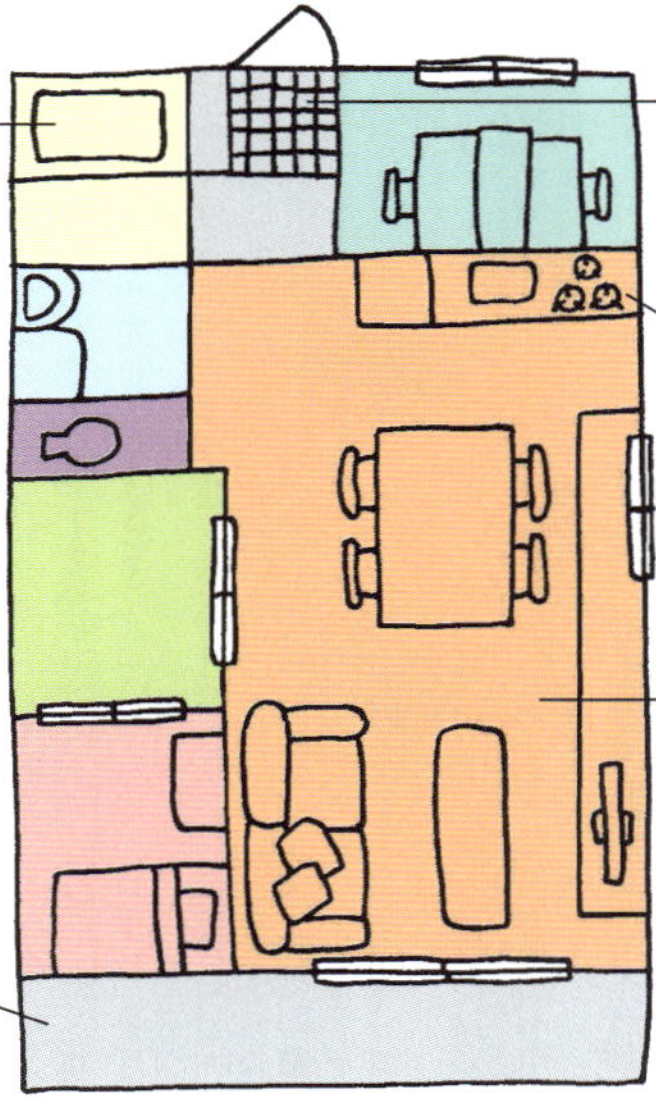

玄関

掃き掃除は毎日がベスト。水拭きは週１回を目安に

台所

調理後にさっと掃除し、洗剤を使った掃除は週１回程度に

リビング・各部屋

２～３日に１回は床掃除をしましょう。天井や壁のホコリ取りは、週に１回程度

トイレ・お風呂・洗面所

使用後の掃除を習慣にし、洗剤を使った掃除は週１～２回程度で

ベランダ

月に１～２回程度

晴れた日の午前中に掃除する

太陽の光は悪い気を浄化し、いい気をもたらします。晴れた日の午前中に窓を開けて掃除すると、悪運を出していい運を取り入れるのがスムーズに。太陽の光でやる気も上がり、集中して掃除できます。換気し、運の流れもよくしましょう。

温度と時間を使って汚れをゆるめる

こびりついた汚れは湯につけたり、湯でしぼった雑巾で拭いて温度を上げると、汚れが落ちやすくなります。洗剤につけおきしたり、洗剤をかけてラップし、放置するのも◎。温度や時間を活用すれば、洗浄力の強い洗剤を使わなくてもキレイに！

湯でしぼった雑巾で拭くと、五徳などの油汚れも落としやすくなります

洗浄力の強い洗剤を頻繁に使うと、ものを傷つけたり、コーティングがはがれることもあるので気をつけましょう。

塩や重曹、日本酒で汚れも悪運も落とす

水に塩や重曹（→Ｐ35）を入れて水拭きすると、洗浄力がアップします。また、塩や日本酒を入れた水で掃除すると、部屋の厄落としができます。汚れと一緒に、悪運をしっかり落としましょう。

塩や重曹はひとつまみ、日本酒は数滴でＯＫ

水拭きした後は乾いた雑巾で拭き、洗剤や水分を残さないようにしましょう。キレイな仕上がりになり、部屋も心もスッキリします。

memo

塩を使って掃除&厄落とし

洗浄力や殺菌力に優れた塩は、掃除にも便利。まな板や鍋にすり込んで洗えば、汚れが落ち、殺菌もできます。カーペットにまいて掃除機をかければ、小さなゴミも吸いやすくなります。食品のニオイが気になる容器に、塩とぬるま湯を入れて一晩おけば、消臭効果も。汚れと悪運を落とす塩を、上手に活用しましょう。

塩は天然のものがオススメ

column

季節ごとの掃除ポイント

気温や行事に合わせて掃除すると汚れがたまらず、快適に過ごせます。季節ごとのポイントを押さえ、掃除計画に役立てましょう。

春（3～5月）

衣替えと同時に収納を掃除

衣替えの時に、収納スペースの掃除もしましょう（→ P136 ～）。不用品を捨て、戸を開けて換気すれば、悪運も出ていきます。

冷蔵庫の開閉が増え、手垢がつきやすくなるのでまめに掃除を（→ P123）

夏（6～8月）

梅雨のカビ対策を万全に

湿度が上がり、悪臭やカビが出やすい時期。まめに換気して空気の入れ替えを。雑菌が増えないよう、水周りの水滴を拭いて。

頑固な油汚れは夏に掃除

気温が高くなると、汚れが落としやすくなります。コンロやグリル、換気扇、オーブンなどのしつこい汚れは、夏に一掃して。

イヤなニオイもしなくなって
電気代の節約にもなるよ

秋（9～11月）

冷房・暖房の掃除を

冷房から暖房へ切り替わる間は、エアコン掃除（→ P69）のチャンス。隅々まで掃除すれば、快適に使えます。

エアコンを掃除すると、出会い運が上がり、人間関係がよくなります。

掃除と一緒に
ものの整理もすれば
年末の負担が減るよ

冬（12～2月）

窓の結露に注意

暖房による結露が出やすいので、窓の掃除を忘れずに（→ P71）。また、部屋の空気がこもりがちになるので、まめに換気を。

大掃除は11月下旬から

1年の汚れを数日で落とすのは大変なので、11月下旬からスタート。普段の掃除に＋5分、丁寧に掃除するだけでもOK。

日々の掃除を丁寧にし、年末は収納の奥や高い場所など、普段は手が回らない場所の掃除をしましょう。ピカピカの家で新年を迎えられます。

掃除グッズ

基本のグッズをそろえて、掃除がはかどるようにしましょう

使いやすい道具で掃除を楽しく！

掃除グッズはゴミを集めるものと、汚れを落とすものがあります。いいグッズを使えば簡単に汚れが落ち、手間も時間も省けます。好きな掃除グッズで楽しく掃除すれば、いい運がたくさん入ってきます。汚れたもので掃除すると、悪運を広げてしまうので、清潔なものを使いましょう。

雑巾も不織布もはさめるタイプのものが便利

ペーパーモップ

セットする布を替えれば、乾拭き・水拭きの両方が可能。天井や壁など、高い場所の掃除もできます。

片面がナイロン製だと
研磨力が高いです

スポンジ

汚れを落とす、洗剤をぬるなどで活躍。掃除する面積に合わせたサイズを用意しておくと、便利です。

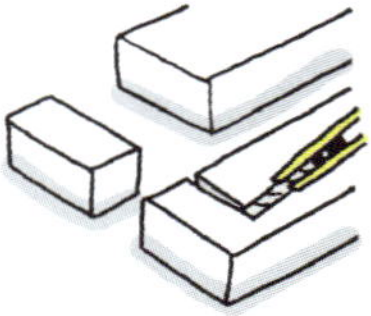
ハサミやカッターで
使いやすいサイズに
カットして使いましょう

メラミンスポンジ

洗剤なしで汚れを落とせます。頻繁に使うと、掃除した場所の光沢がなくなることもあるので注意。

古布を小さく切り、
かごにまとめると便利

雑巾

どこでも使える万能グッズ。古布やタオルを切ったものでもOK。

手にはめて使える
ミトン型などもあります

掃除クロス

超極細繊維でホコリを除去。水気厳禁のものの掃除に便利です。

ヘッドの角度が
変えられるものも

ハタキ

静電気でホコリを取るポリプロピレン製が◎。柄が伸縮すると便利。

デリケートな素材や
パソコン器具には
毛が柔らかいものを

刷毛・ブラシ

スキマや溝のホコリをかき出したり、障子などのホコリを落とします。

毛先を短く切ると
力が入れやすくなり、
汚れがよく落ちます

歯ブラシ

こびりついた汚れを落とします。毛先が開いたらハサミで切って。

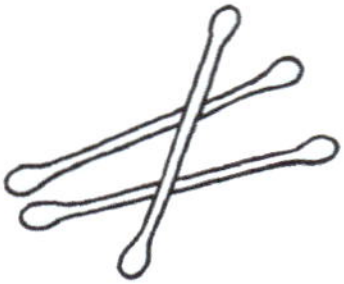

綿棒

スイッチやボタンの周りなど、細かい部分の汚れを取るのに活躍。

生ゴミを包んで
捨てれば、悪臭防止に

新聞紙

窓や鏡をピカピカに磨いたり、水分や油汚れを拭き取るのに便利。

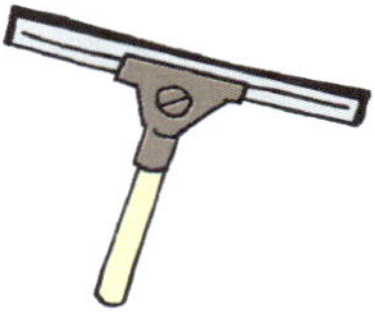

窓用と浴室用が
あると便利

スクイージー

窓や浴室の壁などの水滴を取ります。窓の結露対策にも使えます。

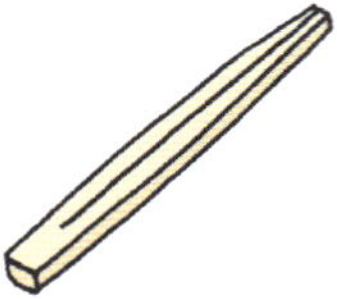

割りばし

古布を巻いて溝を掃除するなど、細かな部分の掃除に便利。

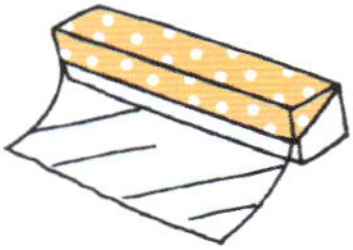

ラップ

洗剤をかけた場所に貼って放置すると、汚れを浮き上がらせます。

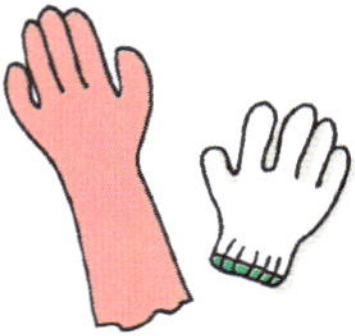

ゴム手袋・軍手

手荒れを防いだり、手にはめてホコリを取るのに活躍します。

吸引力は３００W
あれば十分です

掃除機

吸引力の強さで選びがちですが、本体が重くなるのが難点。軽く、小回りのきくものだと持ち運びやすく、掃除もスムーズに。

memo

掃除機のかけ方

掃除機は、背筋を伸ばして力を抜き、ノズルをまんべんなく床につけて動かすと、ゴミがよく取れます。掃除機を動かす距離は、自分の身長の半分くらいを目安に。２秒で押し、４秒で引くくらいがオススメ。

こんな姿勢で
かけるのはNG！
腰が曲がっている
床に押しつけている

掃除機のニオイ対策

掃除機から悪臭がするのは、中にたまったゴミが原因。まめにゴミを捨て、フィルターの掃除を。また、乾燥させたコーヒーのかす大さじ1を掃除機で吸うと消臭に。乾いてないとカビが生えるので注意を。

コーヒーをいれた後の
かすをレンジで温めれば
乾燥状態に

洗剤

そろえておきたい洗剤の種類と特徴を知り、汚れに合わせて使い分けを

基本の洗剤をそろえればOK

台所用・トイレ用・お風呂用など、場所別の洗剤を全部そろえるのは大変。重曹・クエン酸（酢）・エタノール・石けん・酸素系漂白剤の5つがあれば、家のどこでも掃除できます。お金もかからず、収納もスッキリ。目立たない場所で試し、シミなどができないかを確認してから使いましょう。

汚れの種類で洗剤を使い分ける

汚れの多くは酸性なので、アルカリ性の洗剤（重曹や石けん）で掃除を。水垢や尿などのアルカリ性の汚れには、酸性の洗剤（クエン酸）、カビや除菌には、エタノールや酸素系漂白剤を。

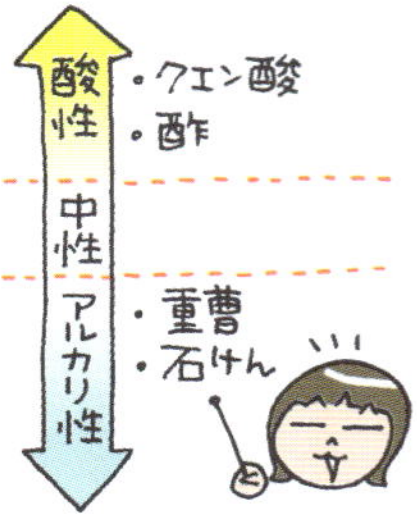

基本

重曹

家の様々な場所に使える便利な洗剤

汚れを中和して落としたり、こびりつきを落とすのに役立つ、アルカリ性の白い粉。特に油汚れや酸性の汚れを落とすのに大活躍！

使用例

- 台所や換気扇の油汚れ
- 壁や床、家具の汚れ
- 家じゅうのイヤなニオイ・湿気

靴箱や冷蔵庫に入れたり、カーペットなどの布製品にかけると、消臭や吸湿もできます。

memo

選び方

- 掃除や消臭に使う場合は、安価な「掃除用」「工業用」でＯＫ。
- 肌に触れるものに使ったり、食事や美容にも使いたい場合は「調理用」「薬用」を使いましょう。
- 「掃除用」「調理用」はスーパーやホームセンターなどで、「薬用」は薬局などで購入できます。

注意点

- アルミや漆器、無塗装の床や家具、畳、大理石、ウールやシルクには使わないようにしましょう。
- 使用後は重曹が残って白っぽくなるので、しっかり拭き取って。
- 使用期限は約３年。湿気で固まらないよう、密閉容器に入れて冷暗所に保存を。

クエン酸・酢

重曹では落とせない アルカリ性の汚れを落とす

水垢・尿・石けんかすなどを落とします。タバコや尿のニオイを和らげたり、まな板や浴室の壁などのカビの増殖を防ぐ効果も。

使用例

- アルカリ性の汚れ
- 台所やお風呂の水垢・汚れ
- トイレやタバコのニオイ

重曹で掃除した後、アルカリ性になった状態を中和するために使うこともあります。

memo

選び方

- クエン酸は「掃除用」でOKですが、台所で使うなら「薬用」「調理用」がより安全。
- 酢は穀物酢や米酢など、食酢ならどれでも大丈夫です。ただし、すし酢は調味料が入っているので、避けましょう。
- 酢のニオイが気になる人は、クエン酸を使いましょう。

注意点

- 漂白剤など、塩素系の製品に混ぜたり、一緒に使うと有毒ガスが発生するので、絶対一緒に使わないように。
- 大理石や鉄に使うとツヤがなくなったり、サビたりするので避けて。
- ステンレスなどの金属に使うと、変質することがあります。使用後は水洗いか水拭きを丁寧にしましょう。

エタノール

油汚れをしっかり落とし、カビや悪臭にも効果あり

強い消毒・殺菌力を持つ、高濃度のアルコール類。まな板や調理台など、台所周りの除菌に役立ち、生ゴミの消臭もできます。

使用例

- 台所の油汚れや菌、ニオイ
- 浴室など、水周りのカビ
- 水気厳禁の電化製品の汚れ

水分があると効果が弱まるので、汚れ付近の水分をしっかり拭き取ってから使いましょう。

memo

選び方

- 「消毒用エタノール」と「無水エタノール」があります。
- 「消毒用エタノール」はそのまま、「無水エタノール」は、80％程度に薄めて使います。
- 掃除には「消毒用エタノール」を使えばOK。「無水エタノール」には、殺菌作用がないので注意を。

注意点

- 肌が荒れないよう、使用時はゴム手袋をつけて。
- シルクなどのデリケートな素材や革製品、スチロール製品、ニスやワックスをかけた床などに使うと、シミになったりするので避けて。
- 塩素系の製品と混ぜるのは危険なので注意。引火しやすいので、火の近くでの使用や保管はNGです。

石けん

天然成分で汚れを落とし、肌や環境にやさしい

成分表示に「純石けん分」とあるものを使いましょう。台所用のものは、家じゅうの掃除に使えます。

memo

選び方

・液体・固形・粉末など、様々なタイプがありますが、液体が扱いやすく便利。

注意点

・使用後は成分が残らないよう、しっかり水洗いするか、水拭きをしましょう。

酸素系漂白剤

布の漂白やカビの除去、除菌などに使える

綿や麻の黄ばみ、食器・ステンレスやホーロー製の調理器具の汚れをキレイに落とします。

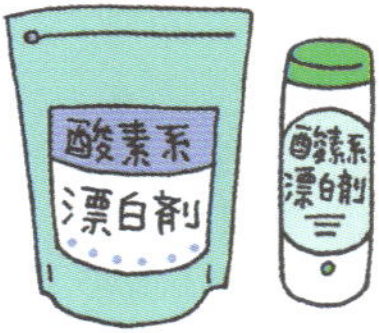

memo

選び方

・液体・粉末タイプがあります。粉末は液体より漂白力が高いので、色柄ものに使う時は、色落ちがないか注意しましょう。

注意点

・使用時は、ゴム手袋をつけましょう。

・水洗いできない素材、ウールやシルク、ステンレス以外の金属、漆器への使用はNG。

column

手づくり洗剤レシピ

重曹や酢で、簡単に洗剤がつくれます。環境にも家計にもやさしく、色んな場所の掃除に使えます。

重曹水

作り方　水250㎖に重曹大さじ１を入れ、よく溶かします。

使い方　汚れに直接吹きかけ、水拭きで汚れを落とします。

常温保存で、約１カ月使えます

スプレータイプのボトルに入れると、使いやすくて便利。重曹の粒が詰まらないよう、しっかり溶かしましょう。

時間が経つと固まるので、使い切れる量だけつくって

重曹ペースト

作り方　重曹大さじ３とぬるま湯大さじ１を器に入れ、混ぜます。

使い方　汚れにぬってしばらく放置した後、スポンジでこするとキレイになります。

水分が多いと、研磨力が落ちます。汚れの落ち具合を見て、重曹とぬるま湯の比率を調節しましょう。

クエン酸水

作り方
水200mℓにクエン酸小さじ1を入れ、よく混ぜます。

使い方
汚れにかけて、スポンジなどでこすり落とします。

使用後はすすぐか水拭きをして、成分が残らないようにしましょう。
常温保存で約1ヵ月使えます。

スプレーボトルは
金属を使ってないものを選んで

お酢スプレー

作り方
酢と2～3倍の水を器に入れ、よく混ぜます。

使い方
汚れにかけて、スポンジなどでこすり落とします。

簡単消臭スプレー

作り方
消毒用エタノール20mℓに水150mℓ、重曹小さじ1を加え、よく混ぜます。

使い方
カーテンや布製のソファ、車の布製のシートやマットなどにかけると、消臭できます。

目立たない場所で試し、シミにならないかを確認してから使って

耐アルコール性かガラス製のスプレーボトルに入れて使いましょう。

第２章

運がよくなる掃除術

にしだ家のマンション
にしださんのおうち楽しみです〜
オシャレな感じがしますね
ピク
……
トラウマ再び…
どうぞ…
ガチャ
!!!
ビール缶
ゴミ
ホコリ
カタログ
ごっちゃ〜〜

ただいまー
ドサー
ピュ
遊んでくるー
す…すみませーん
玄関、また後で掃除しておきますので…
とりあえず上がっていただいて…
……
はっ
まずはここからお掃除しましょう
そ、そんな…
こんなむさ苦しいところ
ひとまず上がっていただいて…
ビシッ
いいえ！ 玄関は全ての入り口！
汚れていると人も運も入りません!!

玄関を開けた時…
キレイな おうち
わぁー
ステキー入りたーい
汚いおうち
ちょっと…
また今度来るね〜
こうなりますよね
運も同じこと
きたねー
やめとこっ
いい運
汚かったり、不快なニオイがする玄関には入りたがりません
せっかくいい運が来てもこの玄関でUターンしている可能性大です!!
ガーン
自ら運をはじいてたなんて…
さいならー

毎日こんなに頑張ってたのにツイてなかったのはこの玄関のせい…？？
おーい
大丈夫ですかー？
大丈夫!!
お掃除すればすぐよくなりますよ
ちゃちゃっと運のいい玄関にしちゃいましょう！
たのもしいよオ〜
あの…でも
とっても言いにくい…
いくら開運するからって…
変な置物を置くのはイヤなんですけど…
龍とか…
金の神様とか…
あー
そういうのはいらないから大丈夫
①キレイ ②明るい
この２つを押さえればOKですよ
これは全ての部屋に当てはまります

まず、不用品は捨てるか片付けて
玄関にゴミを置くのはダメです
せっせ
せっせ
靴も家族の人数分以外はしまいます
ご縁をつぶしてしまうので
3人家族なら3足まで
靴をしまう時は靴底を軽く拭くといいですよ
そうなんですか？
靴底は、道の汚れだけじゃなく
道に落ちている、人の悪い思いもくっつけてるんです
ニシシシ…
それを拭かずに放置してると、家の中に悪い運を持ち込むことになるのよ
にょろ〜ん
ひえぇ〜〜
にょろろ〜〜ん
簡単でいいからさっと拭けば、玄関で厄落としができます

ものが片付いたら床の掃除！
じゃ〜ん
ドアを開けて外側に向かって掃きましょう
換気もできます
悪い運を外に出すイメージでね
さっさか さっさか
さっさか
ピカ ピカ
キレイになった〜
ふー
気持ちいいですね〜
ピーンポーン
ガチャ
こんにちはー
さっそくイケメン登場!?
キャッ
ここにハンコかサインを
宅配便か…

玄関

家の顔・玄関がキレイだと、いい運が次々に入り、縁や仕事に恵まれます

この運をアップ！

全体運
（全ての運の入り口）

玄関はいい運を入れて悪い運を落とす、運の〝関所〟。明るくキレイな玄関なら、外からの悪運をしっかり落とし、家の中まで持ち込まずに済みます。また、友人や恋人との良縁、仕事のチャンスやお金など、様々な幸運に恵まれる効果も。汚れやすい場所ですが、その分きちんと掃除すれば、運を即効で上げられます。

玄関の開運ポイント

① 「キレイで明るい」が大原則

玄関は明るく、風通しをよくすると、運がスムーズに流れます。掃除と換気をまめにしましょう。光が入らない玄関は、間接照明などで明るくするのがオススメ。

② 余分なものを置かない

ゴミや不用なものを置くと悪運がたまり、いい運が入ってきません。下駄箱の上に、いらない箱や小物を積むのもNG。不用品はすぐに片付けましょう。

③ しっかり消臭＋いい香りで心地よく

下駄箱に湿気がたまったり、ぬれた傘を放置すると悪臭が発生し、いい運をはね返します。湿気対策と消臭をしっかりしましょう。花の香りは良縁を招きます。

④ 外に出す靴は家族の人数分まで

家族の人数より多い靴が出ていると、その分だけ縁をつぶしてしまいます。外に出す靴は人数分までに。玄関がせまい場合は、全て下駄箱にしまってもOK。

たたき

新聞紙や茶殻でスッキリと

まず、ほうきでホコリや砂を掃きましょう。ぬらしてちぎった新聞紙や湿った茶殻をたたきにまくと、土ボコリをたてずに掃除できます。取れない泥は重曹をまき、掃きましょう。重曹を使った後はクエン酸水をかけて乾拭きし、重曹が残らないように。

苦手なお客さんが来た後や失恋した後など、イヤな出来事が起きたら、たたきに塩をまいて掃きましょう。悪運を落とすことができます。

たたき

しつこい汚れは重曹で落とす

たたきをほうきで掃いたら、残った汚れは水拭きで落としましょう。こびりついた汚れには重曹をふりかけ、ぬらした歯ブラシでこすります。最後は水拭きで、汚れをキレイに落としましょう。

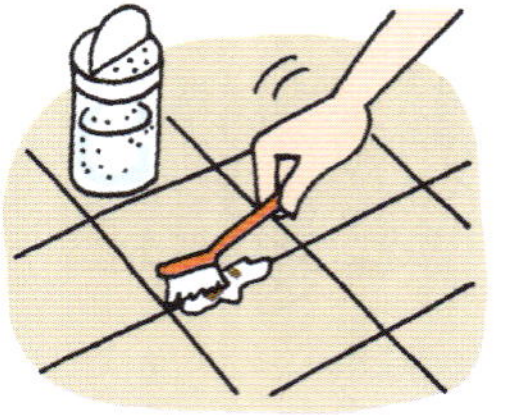

汚れが落ちたら、クエン酸水と乾拭きで仕上げましょう

大理石や御影石など、デリケートな素材のたたきに重曹や洗剤を使うと、変色などの恐れがあります。掃き掃除と乾拭きのみにしましょう。

ドア

素材に合わせた掃除でキレイに

木製のドアは歯ブラシで細かい部分の汚れを取った後、全体を乾拭きしてホコリを取ります。金属製のドアは乾拭きでホコリを取った後、固くしぼった雑巾で水拭きを。ドアの上部や側面の掃除も忘れずに。

上から下、左から右など一定方向に拭きましょう

ドアノブ

キレイに磨いて才能運アップ

ドアノブなど、家の金具をピカピカにすると才能運アップ。手垢は重曹水をかけて水拭きし、乾拭きします。ドアノブカバーは、頻繁に替えないと悪運や汚れが残ってしまいます。カバーはつけず、ドアノブ自体をまめに掃除する方がオススメ。

ゴールド系の金具をキレイに磨くと金運が上がります

memo

バリアフリーは不運も入りやすい？

上がりかまちがある玄関は、たたきとの段差で悪運を落としてくれます。最近は上がりかまちのない玄関が増えており、人が入りやすい分、不運も入りやすくなっています。段差の少ない玄関はたたきの掃除をし、厄を落としましょう。

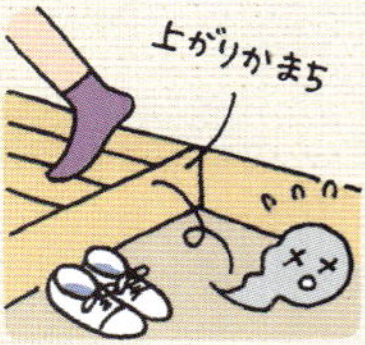
上がりかまち

たたきとの段差が、厄を落としてくれます

下駄箱

月に一度は下駄箱の掃除を

靴を全て出し、ホコリや砂をブラシなどで集めて取りましょう。その後、重曹水をかけて水拭きし、隅の細かい汚れは歯ブラシでこすって落とします。乾拭き後、エタノールをかけて除菌・消臭し、よく乾かしてから靴を戻します。

泥は乾いてからこする方が
汚れを広げずに落とせるよ

ホコリや砂は、細いノズルをつけた掃除機で吸い取ってもOKです。隅の方に残らないよう、キレイに取り除きましょう。

脱いだ靴はたたきに2時間ほどおき、湿気が取れてから下駄箱にしまいましょう

下駄箱

新聞紙を敷いて湿気・ニオイ対策

下駄箱の棚板に新聞紙を敷いておくと、靴底の汚れや泥がつきにくくなり、下駄箱の掃除がラクになります。下駄箱の湿気や悪臭も取ってくれるので、一石二鳥です。

汚れた新聞紙をそのまま敷いていると、悪運がついてしまいます。汚れたらすぐに交換し、キレイな状態を保つと運がよくなります。

下駄箱

重曹やコーヒーでしっかり消臭

重曹や炭を器に入れ、下駄箱に置くと消臭に。重曹は時々かき混ぜ、2ヵ月ほどで交換しましょう。二重にしたお茶パックに重曹や乾燥させたコーヒーかすを入れ、靴に入れると、靴の湿気とニオイが取れます。

湿っぽくなったら交換しましょう。使用後の重曹は、そのまま掃除に使えます。玄関やトイレの掃除などに活用しましょう。

靴

ぬれた靴は新聞紙で乾かす

靴がぬれたら、丸めた新聞紙をつま先に詰め、全体を新聞紙で包んで水分を取りましょう。タオルで拭くのもOK。拭き終わったらつま先の新聞紙を取り替え、靴底が乾きやすいように斜めに立てかけ、乾燥させます。

靴ひもがある場合は、外しておきましょう

ぬれた靴を放置していると、悪臭や湿気のもとに。イヤなニオイが悪運を招くので、脱いだらすぐにケアしましょう。

同じブーツを毎日はくと
ニオイがつきやすいので
はいたら休ませましょう

靴 ブーツの消臭は10円玉を使って

湿気がたまりやすいブーツは、内側にドライヤーをかけて乾燥させます。熱しすぎるとブーツが傷むので、数回に分けて乾かしましょう。その後、10円玉を靴底に入れ、ブーツの口を洗濯バサミなどではさめば、除菌と消臭ができます。

タオルやコットンをブーツの口にかぶせ、その上から洗濯バサミをはさめば、ブーツに跡が残りません。

memo

靴のケアで運気アップ

靴底は、汚れと悪運がつきやすい場所。そこを1週間水拭きしてキレイにすると、運を一気に上げることができます。下駄箱の中を塩水で拭くのも、運気アップに効果的。また、夏なのにブーツが外に置いてあるなど、季節外れの靴を出しっぱなしにしていると、チャンスを逃しやすくなるので気をつけましょう。

オフシーズンのものは
きちんと下駄箱にしまって

玄関

スリッパ　悪運を広げないようキレイに

汚れたスリッパをはくと、そこについた悪運が家全体に広がります。固くしぼった雑巾で底を拭き、乾拭きしましょう。内側のホコリは、ブラシなどでかき出します。洗濯する時はネットに入れ、弱水流で洗って。

急な来客にも
あわてないよう
普段からキレイに

水拭きできない革製のものは、専用のクリーナーでキレイに。

傘・傘立て　水分が残るとカビのもとに

ぬれた傘が玄関にあると湿気がこもったり、カビが生えて運気ダウン。傘は天気のいい日に開いて干し、中まで乾燥させましょう。傘立ても内側と外側を水拭きして汚れを落とし、水分が残らないよう乾拭きを。

傘が汚れたら、衣料用洗剤をつけたスポンジでこすり洗いを

表札　細かな部分も丁寧に掃除を

表札は乾拭きで汚れを落としましょう。文字が彫ってある場合、溝に汚れがたまるので念入りに。細かい部分は、綿棒に液体石けんをつけて掃除を。インターフォンの手垢は、エタノールをつけた綿棒でキレイに。

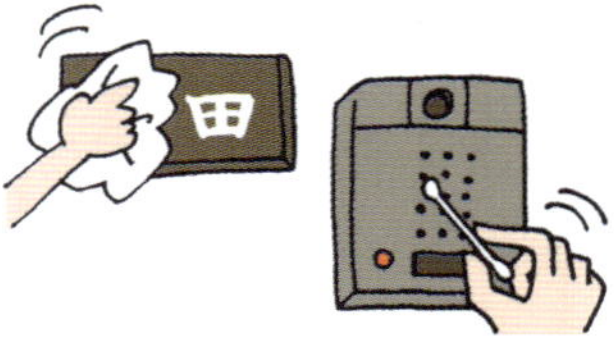
田

表札やインターフォンの汚れは意外と目立つのでキレイに

玄関マット

重曹をかけて ニオイ対策を

玄関マットは厄を落とすアイテムですが、靴を脱いだ直後の足が触れるため、汚れやすい場所。洗濯できる素材なら、こまめに洗いましょう。ニオイが気になる時は重曹をマット全体にかけて2時間ほどおき、掃除機で吸い取るとキレイに。

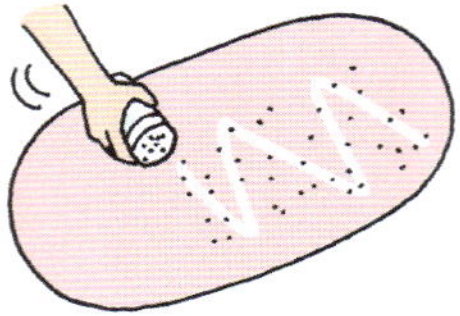

①マット全体に重曹をかけます

せまい玄関にマットを置いてごちゃごちゃすると、運がダウン。そういう場合は無理に敷かず、スッキリした空間にすることを重視しましょう。

八角形や円形で、綿や麻などの天然素材だと、運が上がります。

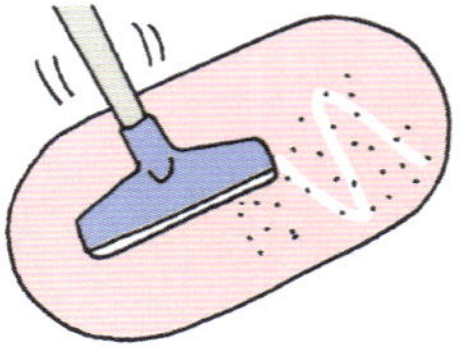

②２時間後、重曹が残らないように掃除機でしっかり吸い取りましょう

memo

カギの扱いは丁寧に

カギは「仕事や人間関係で重要な存在になれる」アイテム。玄関にカギをむきだしで置くと、重要な仕事を任されない、人と親密になれないなど、仕事運や出世運、対人運が下がります。カギはフタつきの箱にしまうなど、丁寧に扱って。

専用のケースに入れるなど、普段から大切に扱えば出世のチャンスも！

方位別・開運ポイント

玄関がどの方位にあるかで、開運ポイントが変わります。自分の家はどの方位か、調べてみましょう。

北

冷えやすい方位なので、暖色系のインテリアで、温かい雰囲気にしましょう。

北東

汚れるとすぐ運が落ちるので、掃除や消臭を念入りに。色は白がオススメ。

東

ウィンドベルなど、キレイな音が出るものを置くと、健康運アップ。

南東

花やフローラル系の芳香剤でいい香りを漂わせると、良縁を招きます。

西

果物の絵や小物などを飾ったり、丸い玄関マットを使うと、金運が上がります。

北西

質のいいマットやゴージャスな小物を置くと、仕事運や出世運がアップ。

南

クリスタルやガラスなど、光るものを置くと、美容運と才能運がアップ。植物でもOK。

南西

茶色の小物や陶器を置くと、家庭運が上がり、子宝にも恵まれます。

リビング

太陽の光が降り注ぐリビングは、家族全員の運を上げる大切な場所

この運をアップ！

才能運・家庭運・社交運

大きな窓があり、南向きになっていることが多いリビングは、才能運アップの場所。南の太陽の光が、才能開花をもたらします。また、家族で過ごす時間が多いため、居心地よくすれば家庭運がアップ。家族関係がよくなれば、社交運も上がります。人の出入りが多く、散らかりやすいので、こまめな掃除を大切に。

リビングの開運ポイント

① 窓を磨いて才能運アップ

リビングの窓がピカピカだと、太陽の光でパワーチャージできます。特に南向きの窓は、才能開花の運をもたらす重要な場所。くすみのない窓にしましょう。

② カーテンやラグで運をチャージ

カーテンやカーペットなど、大きな布が汚れると運が大幅ダウン。まめな洗濯や掃除で清潔さを保ち、ほしい運を上げる色や模様にするのも◎（→P186～）。

③ 家具の裏のホコリは老けを誘発！

テレビやソファなど、普段あまり動かさない家具の裏や下は、ホコリがたまりがち。すると全体運が下がり、老けやすくなります。見えない部分も掃除を。

④ 座り心地をよくし、出世運アップ

ソファやイスの座り心地をよくすると、座る人の格が上がり、出世や幸運を招きます。質のいいソファやイスにしたり、クッションなどで座り心地をよくしましょう。

床

ホコリは悪運のもと こまめに掃除を

床のホコリは、美容運と全体運を下げるのでしっかり掃除を。フローリングは木目に沿って掃除機をかけます。板のつなぎ目や、壁と床の間は、歯ブラシや竹串で汚れをかき出し、掃除機で吸いましょう。

掃除後にお酢※スプレーをかけて拭けば、ベタつきがスッキリ!

※無垢材の床には使えないので注意

床掃除にオススメの時間は、起床後か帰宅直後。宙に舞っているホコリが少なく、ゴミが集めやすくなっています。

床

しつこい汚れは重曹で落とす

こびりついた汚れには水拭きを。それでも落ちなければ重曹をかけ、ぬらした歯ブラシでこすり、お酢スプレーをかけて拭きましょう。年に1～2回、米ぬかを包んだガーゼで拭くと、ワックス代わりにツヤが出ます。

フローリングは水拭きしすぎると、板が反ったりひび割れするので注意

クレヨンの汚れには重曹ペーストをぬり、乾いた布で拭き取りましょう。ただし、無垢材の床には重曹が使えないので注意。

カーペット

水性のシミは叩いて落とす

飲み物などの水性のシミは、乾いた布で水分を取った後、ぬれタオルで押さえて取ります。残った汚れは液体石けんをつけた布をかぶせ、叩いて取りましょう。その後、固くしぼったタオルで拭き、乾拭きします。

叩く時はシミが広がらないよう、外側から内側へ向かって叩いて

カーペットのシミは、ぬれタオルで数回押さえ、色がついたら水性、つかなければ油性です。

カーペット

油性のシミは重曹で取る

バターやマヨネーズなどの油性のシミは、乾いた布で固形物を取り除きます。残ったシミは重曹をかけ、布でつまんで取りましょう。それでも落ちなければ液体石けんをかけて布でたたき、クエン酸水をかけて拭き取ります。

ガムは柔らかいと取りにくいので、氷で冷やして固めた後、叩いて取りましょう。残った分は、ガムテープなどで取ります。

カーペット

根元のゴミまでしっかり取る

カーペットは毛並みを逆立てるようにして掃除機を十字にかけると、根元までキレイになります。取りにくい髪の毛やホコリは、粘着ローラーをかけたり、ゴム手袋をはめた手でなでて取りましょう。

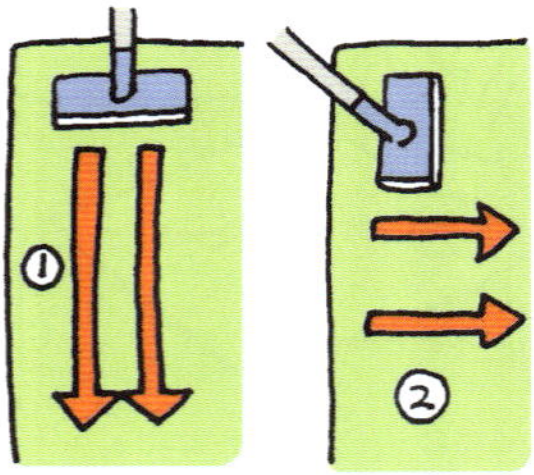

一定方向に掃除機をかけたら、方向を90°変えてかけましょう

ニオイが気になる時は重曹を全体にかけ、手かスポンジで根元までなじませます。2時間ほどおき、掃除機をゆっくりかけて、重曹を吸い取りましょう。

memo

ペットがおしっこや嘔吐をしたら?

ペットがおしっこをカーペットにしたら、新聞紙で水気を取り、重曹をまんべんなくかけます。重曹が水分を吸ったら布やへらなどで取り、お酢スプレーをして乾拭きを。嘔吐をしたら、嘔吐物を取り除いて重曹をかけ、同様に処理します。

重曹や酢なら、ペットがなめても安心です

リビング

カーペット

カビには重曹ペースト

カーペットのカビには重曹ペーストをぬり、歯ブラシでこすります。その後、お酢スプレーをかけて発泡させ、乾いた布で重曹ごと拭き取りましょう。酢が乾いて水気がなくなったら、エタノールをかけ、乾拭きします。

酢が残るとカビの栄養源になるので、しっかり拭き取りましょう

カーペットが色落ちすることもあるので、目立たない場所で試してから行いましょう。

壁

意外と目立つ汚れ早めに掃除を

壁は上から下へハタキをかけ、ホコリを取ります。汚れは重曹水をつけた雑巾で拭き、乾拭きしましょう。高いところは、ペーパーモップを使うと便利です。タバコのヤニ汚れは、クエン酸水かお酢スプレーを含ませた布で拭きましょう。

いずれも壁の目立たない場所で試し、シミにならないかを確認してから行いましょう。紙素材の壁は、消しゴムでも汚れを落とせます。

天井

届かない場所はペーパーモップで

天井は、柄の長いハタキでホコリを取りましょう。届かない場所は、ペーパーモップで乾拭きを。この時、ペーパーモップにストッキングをかぶせると、静電気でホコリがよく取れます。

天井に強く押しつけず、軽く動かしてホコリを取りましょう

落ちない汚れがある場合は、固くしぼった薄手の雑巾をモップにつけ、軽く水拭きしましょう。

照明

汚れると明るさも下がるので注意

照明は電源を切ってから掃除します。かさはポリプロピレン製のハタキをかけ、ホコリを取ります。汚れが取れない時はかさを外し、液体石けんをつけた雑巾で拭いて、乾拭きを。蛍光灯は、乾いた雑巾で乾拭きします。

柄の長いハタキがあると便利！

布や紙など、水洗いできないかさは、重曹をかけてハタキを軽くかけます。その後、刷毛やブラシなどで細かい部分のホコリを取りましょう。

ソファの汚れやニオイは、
悪運を吸収するので注意！

ソファ　素材に合うケアでいつもキレイに

スキマ用ノズルをつけた掃除機で、背もたれやクッションのスキマまでしっかりホコリを取りましょう。布張りなら全体に重曹をかけ、２時間後に掃除機で吸い取ると、汚れやニオイが取れます。

合成皮革は、薄めた液体石けんをつけた布で拭き、水拭きと乾拭きを。天然皮革は、全体を乾拭きした後、革専用のクリーナーで汚れを拭き取ります。

クッション　重曹をかけてまるごと消臭

クッションのニオイは、重曹で消臭を。大きい袋にクッションと重曹を入れ、口を閉じて袋をふり、重曹をクッション全体にまぶします。そのまま半日おき、クッションについた重曹を掃除機で吸い取りましょう。

重曹にラベンダーの
精油を２滴ほど垂らして
使うのも効果的

ニオイだけでなく、クッションについているホコリや花粉も取れます。

テレビ　水気を嫌うので乾拭きで掃除を

水気厳禁なので、乾拭きでホコリを取りましょう。超極細繊維の掃除クロスやメガネ拭きを使うと、キレイに取れます。凹凸がある裏側は、ブラシなどでホコリをかき出し、スキマ用ノズルをつけた掃除機で吸い取りましょう。

電源はオフにした状態で
掃除してね

テレビは、静電気でホコリがたまりがち。故障の原因にもなるので、まめに取りましょう。

リモコン　掃除クロスで汚れを落とす

色んな人が触れ、汚れがつきやすいリモコン。水気を嫌うので、掃除クロスで全体のホコリや汚れを取りましょう。ボタン周りなど、細かい部分の汚れは、綿棒でこすって落とします。

手のひらにクロスを乗せ、
リモコンを包むようにして
拭きましょう

手垢がついたら、エタノールを含ませた綿棒でこすり落としましょう。

リビング

コード

縁を妨げないようスッキリと

コードを掃除する時はプラグを抜き、掃除クロスやスポンジではさむようにして拭いて、ホコリを取ります。軍手をはめた手でコードをなでてもOK。プラグ周りも掃除クロスで拭き、ホコリを取りましょう。

スポンジに
切れ目を入れると
はさみやすいよ

からんだコードは、縁をジャマしてしまいます。ホコリもたまりやすく、悪運のもとになるので、コードリールなどでスッキリ整頓しましょう。

スイッチ

手垢汚れをまめに落として

スイッチも手垢がつきやすい場所。水気厳禁なので、乾拭きで汚れを取りましょう。手垢が気になるところは、エタノールをつけた雑巾で拭き、乾拭きします。雑巾の代わりに、軍手をはめた手で拭くのもOK。

軍手を使うと、細かい部分も拭きやすくなり、便利です

細かいところは綿棒でこすり、汚れを落としましょう。消しゴムでこすって落ちる場合もあります。

電話

拭き掃除＋綿棒で隅々までキレイに

電話についた手垢や黒ずみは、重曹水をつけて固くしぼった雑巾で拭きます。その後、クエン酸水をかけた布で拭いて中和し、最後に乾拭きをしましょう。ボタン周りなどの細かい部分は、エタノールを含ませた綿棒で汚れを落とします。

エタノールで拭けば、
除菌効果も得られます

受話器の口の部分は、くさくなりやすいのが難点。乾拭きして消毒用エタノールで拭き、消臭しましょう。

扇風機

まめな乾拭きでホコリをためない

扇風機はパーツごとに外し、乾拭きしましょう。ポリプロピレン製のハタキでホコリを取るのもOK。取れない汚れには水拭きを。それでも落ちない場合は、液体石けんをつけたスポンジでこすり、水洗いして、よく乾かしましょう。

シーズン後は
キレイにしてから
しまってね

ホコリがつきやすい羽やガード部分は、念入りに掃除を。モーター部分は水気を避け、掃除機や乾拭きで汚れを取りましょう。

エアコン

ホコリを取って いつも清潔に

エアコン本体のホコリは、ポリプロピレン製のハタキや、ノズルをつけた掃除機で取りましょう。吹き出し口のカビは、放置すると悪臭のもとに。古布を巻いた割りばしにエタノールをつけ、吹き出し口を拭きましょう。

溝などの細かい部分のホコリは、綿棒で取るとキレイになります。

エアコン

フィルター掃除で 対人運アップ

フィルターをキレイにすると、人間関係が良好に。新聞紙の上にフィルターを置き、掃除機でホコリを取りましょう。その後、浴室に置いて重曹水をかけ、ブラシでこすります。水で流したらエタノールをかけ、カビ予防を。

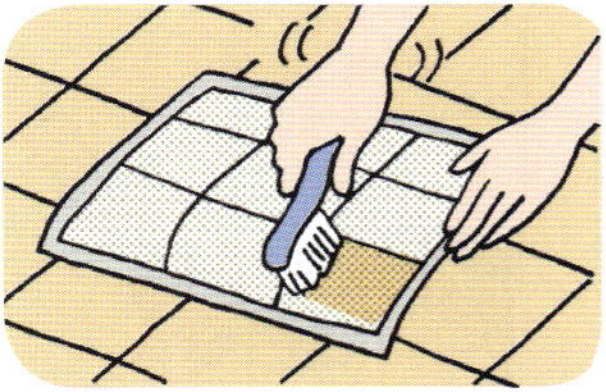

よく拭き、陰干しで乾燥させてから、エアコン本体に戻しましょう

掃除後、フィルターにペパーミントオイルを数滴垂らすと、除菌ができます。いい香りで、出会い運が上がる効果も。

カーテン

カーテンレールの汚れに注意

カーテンレールのホコリは、ポリプロピレン製のハタキで取ったり、ノズルをつけた掃除機で吸いましょう。こびりついた汚れは、液体石けんをつけた雑巾で水拭きし、乾拭きして落とします。雑巾の代わりに、古布を巻きつけた割りばしを使ってもOKです。

カーテンレールのホコリは、エアコンの風で舞い上がることもあるので注意

知らないうちにホコリがたまるカーテンレールは、まめに掃除を。

カーテン

上から下へ掃除機をかける

カーテンは、つるしたままの状態で掃除機をかけ、ホコリを取りましょう。洗える素材なら、半年に一度丸洗いを。洗濯後はカーテンレールにつるし、乾かします。洗えないものは重曹水をスプレーし、消臭しましょう。

重曹水は目立たない場所で試し、シミにならないかを確認してから使って。100mℓの水にリンスを２滴入れ、スプレーをすると、静電気が防止できます。

ブラインド
細かな場所も軍手でキレイに

ブラインドは上から下へ、吸着タイプのハタキをすべらせ、ホコリを取ります。その後、軍手にエタノールをつけ、手にはめて羽を拭きましょう（羽で手を傷つけないよう注意）。最後に、乾いた軍手か雑巾で乾拭きを。

軍手の下にゴム手袋をはめると
ケガしにくくなるよ

取れない汚れは軍手に液体石けんをつけて拭き、水拭きしましょう。軍手は厚手のものを使うと、ケガ防止になります。

窓
洗剤を使わなくてもピカピカに！

窓はハタキや刷毛で上から下に向かってホコリを取り、ぬらしたスポンジを下から上へ、左右に動かしてこすります。手垢や油汚れには重曹水をかけ、水拭きを。最後にスクイージーを左から右、上から下にかけ、水気を拭きます。

窓は、汚れの少ない室内→室外の順に掃除しましょう

ぬらした新聞紙で全体を水拭きし、乾いた新聞紙で乾拭きするのもオススメ。窓がピカピカになります。

サッシ

汚れやすいのでまめに掃除を

サッシは、砂ボコリやゴミをブラシでかき出し、掃除機で吸いましょう。細かい部分の汚れは、古布を巻いた割りばしに液体石けんをつけ、こすります。最後に水拭きと乾拭きで、洗剤をキレイに拭き取って。

軍手を手にはめ、雑巾代わりにして拭くのも効果的です

サッシにカーワックスをぬると、汚れやサビ防止になります。ワックスをぬっても大丈夫な素材か、事前に確認しましょう。

網戸

ホコリを取った後洗剤で洗う

窓を閉め、ノズルをつけた掃除機で外側からホコリを取りましょう。その後、ぬらしたスポンジでこすって網目をぬらし、液体石けんをつけた雑巾で、全体に石けんを広げます。しばらく放置したら水拭きで石けんと汚れを落とし、クエン酸水を全体にかけ、乾拭きを。

全体をぬらすと石けんがなじみやすくなるよ

網戸が詰まると、運気の循環が悪くなります。いい運が入りやすくなるよう、網戸は定期的に掃除しましょう。

リビング

畳

掃除機や拭き掃除は畳の目に沿って

畳は目に沿って掃除機をかけます。ペーパーモップで掃除するのも◎。へりの間の汚れは、乾いた雑巾で拭きましょう。

気になる汚れは、水でしぼった雑巾と乾いた雑巾を重ね、畳の目に沿って拭き、乾拭きを。

汚れがたまりやすいへり付近は、ゆっくり掃除機をかけて

畳

落ちない汚れにはクエン酸水を使う

乾拭きで落ちない汚れは、クエン酸水をかけた雑巾で拭きます。カビは、軽いものは乾いた雑巾で、ひどいものはエタノールをつけた雑巾で拭きましょう。クエン酸水やエタノールを使ったら、しっかり乾拭きして水分を残さないように。

memo

ふすまのすべりが悪くなったら

ふすまの開け閉めがしにくくなったら、オリーブオイル大さじ１と酢小さじ１を混ぜたものを布につけ、敷居の溝を磨きましょう。ふすまのすべりがよくなり、開け閉めがスムーズになります。

畳 液体をこぼしたら拭かずに吸い取る

畳に水分をこぼしたら、新聞紙やキッチンペーパーをかぶせましょう。水分を吸収したら新聞紙を取って塩をまき、湿ったら掃除機で吸います。しょうゆをこぼしたら、小麦粉をかけて吸収し、掃除機で吸い、固くしぼった雑巾で水拭きを。

あわてて雑巾で拭くと
かえって広がるので注意

タバコの灰が落ちたら、粗塩をふって掃除機で吸いましょう。灰が塩にからんで、キレイに取れます。

柱 ホコリを落として乾拭きが基本

和室の柱はハタキでホコリを落とし、掃除機で吸いましょう。気になる汚れは、湯につけた雑巾を固くしぼり、木目に沿って拭いて、落とします。その後、乾拭きで水分を取るのを忘れずに。

柱と壁の境い目に汚れがたまりやすいので、念入りに

白木の柱は、水分や油分がつくとシミになる恐れがあるので、乾拭きのみにしましょう。あらかじめ白木用のワックスをぬり、汚れをガードするのも◎。

障子

シミになる前にホコリを取って

障子のホコリを放置すると、シミの原因に。上から下へ向かってハタキや刷毛でホコリを落とし、掃除機で吸いましょう。

手垢で汚れやすい引き手の周りは、固くしぼった雑巾で拭き、水分が残らないよう乾拭きを。

引き手を水拭きする時は、水分が障子紙につかないようにしましょう

壁

自然素材の壁はハタキで掃除を

土壁は掃除機をかけたり、拭き掃除をするとはがれてしまいます。ポリプロピレン製のハタキで、ホコリを取りましょう。

紙の壁はハタキでホコリを取り、小さな汚れは消しゴムで軽くこすりましょう。

memo

床の間は大切に

床の間はお殿様が寝る大事な場所なので、雑に扱うと運がダウン。ものを置かず、乾いた雑巾でホコリを取りましょう。米のとぎ汁でしぼった雑巾で水拭きすれば、床の間がコーティングされ、汚れにくくなります。水拭きしたら、乾拭きで水分を取りましょう。

方位別・開運ポイント

リビングがどの方位にあるかで、開運ポイントが変わります。自分の家はどの方位か、調べてみましょう。

北

暖色系で温かい雰囲気が◎。濃いピンクやワインレッドをポイントで使うのもOK。

東

木製など、天然素材のインテリアや植物を置くと、健康運アップ。

西

丸みを帯びた家具を使ったり、テーブルに果物を置くと金運が上がります。

南

窓をピカピカに磨き、光る小物を置くと、全体運と美容運が高まります。

北東

掃除をしっかりし、黄×白のインテリアにすると、いいチャンスがつかめます。

南東

アロマなどでいい香りを漂わせると、人との縁に恵まれます。

北西

質のいい、豪華なインテリアを使うと、仕事や出世にいい影響を与えます。

南西

低くどっしりとした家具を使うと、家庭円満に。アジア風・和風もオススメ。

column

運のいい子ども部屋

部屋の環境が、子どもの成長や性格に大きな影響を与えます。子どもが元気に育ち、才能を伸ばせるような環境にしましょう。

光と風が成長をサポート

植物や動物と同じで、子どもの成長には日光と風通しのよさが重要。太陽の光がよく入る部屋を子ども部屋にすると◎。

南東や南の部屋を、子ども部屋にするのがオススメです。

掃除と整理をしっかりと

他の部屋と同様にしっかり掃除し、ものを整理しましょう。ぬいぐるみにホコリがたまると悪運を招くので、いつもキレイに。

大きな袋にぬいぐるみと重曹を入れて全体になじませ、重曹を落として陰干しをすると、ぬいぐるみの汚れや悪臭が取れます。

植物の写真や絵でもOK

植物からパワーをもらう

植物は厄を落とし、勉強や物事に向かうパワーをくれます。枯れるのはパワーをくれた証なので、感謝して処分しましょう。

子どもの成長には葉が多く、丸みを帯びた植物がオススメ。アイビーやバンブーのように伸びるものも効果的です。葉が落ちやすかったり、とがっているものは避けましょう。

部屋の中心や南で夢を応援

子ども部屋の中心か南に、夢や憧れの人（芸能人やスポーツ選手など）に関する写真、グッズを置くと、夢が叶いやすくなります。

子どもや動物は、運のいい場所が自然とわかります。勉強部屋以外でも、子どもが勉強に集中できる場所があるなら、そこで勉強させましょう。

机の向きで学力を伸ばす

机の向きが北向きだと、勉強に集中できます。南向きだとアイデアや発想が豊かになり、東向きだと語学や音楽に秀でます。

勉強する科目によって机の向きを変えるのも、効果的です。

方位別・子ども部屋の特徴

子ども部屋がどの方位にあるかで、子どもに与える影響が変わります。

方位	影響
東	健康で元気な子に育つ。
南東	恋愛や結婚で、いい縁に早く恵まれる。
南	学力が伸びる。容姿のかわいい子に育つ。芸能界で活躍する子になることも。
西・南西	やさしく、のんびりしたマイペースな性格に育つ。
北西	しっかりして大人びた子に育つ。将来家を継がないといけなくなったりする。女の子は晩婚になる可能性も。

こんにちは〜
玄関、キレイにされてますね
いい感じです
エヘー
あれから毎日、掃き掃除だけはしてるんです
フフ…
ささどーぞ
おじゃましまーす
あ
こんにちはー
ぶっ
すみませ〜ん ちょっと掃除中で
お客さんに失礼でしょ
ごめん すぐ終わるから〜
お掃除が好きなんですか？
いや〜
昔はそんなに好きじゃなかったんですが…

先生の話をしたら急にやる気になっちゃって
母が掃除好きなのでDNAが目覚めたのかもしれませんね…
とりあえずトイレはキレイにしておこうかなと
私、トイレ掃除苦手なんです～
やり方教えてくださーい
基本的にはクエン酸水をかけてブラシでこすればOK
ふち裏も忘れずに!!
黄ばみや赤い水垢にはクエン酸湿布が効くよ
❶黄ばみにトイレットペーパーを敷き、クエン酸水をスプレー
❷２時間後に水を流し、ブラシでこすればOK！

クエン酸水をトイレに置いておけば
クエン酸水をかけたトイレットペーパーで、便器のふちや床の掃除もできて便利だよ
さっと一拭き
掃除ができるだんなさん…ステキじゃないですか～
ん…まあ続けばいいですけどね～
便器や床はキレイでOKですね
…気になるのは
この本やカレンダーですが…
なぜトイレに通販カタログやレジャー雑誌が？
先生が楽しんで掃除するといいっておっしゃってたので！
エヘ～
カタログ
あれこれ見て夢をふくらませてるんです～
これ買お～とか
来月この温泉行こ～とか
10
カタログ

……
…大ＮＧですね
ブブーーッ
えっ!!?
トイレは排泄物と一緒に悪い厄を流すところ
さよ〜なら〜
ズゴゴゴ
はー スッキリした〜
キレイで居心地のいい空間にするのはいいのですが
キレイなトイレ〜♪
そこに意味もなく長居すると…
ビシーー
あーコレかわいいー
ニシシ
ニシシ
かえって悪運をつけることに!!
ガーン

トイレ

トイレは用が済んだらすぐ出ましょう
せまいし、不用品はいりません！
夢はリビングで見ようぜ
うっうっ
ちなみに流す時はフタしてからだと万全です
悪い気が広がりません
やばっ いつも開けてた
悪臭がたまりやすいので換気や消臭を大切に
使用後は便器の掃除に
1カップの重曹を置けば1～2ヵ月、消臭できます
トイレットペーパーの出しっぱなしは悪い気を吸うので、目隠しした棚に入れてね
トイレに窓がない場合は紫の小物を置くといいですよ
紫…？
やはりそれは美●さん的な…？
オホホホホ…
ホホホ

紫は昔から高貴な色として使われていました
上位の人は
紫の服
レベルアーップ
紫を使うとその空間の格が上がるんです
ラベンダー色でもいいですか？
もちろん!!
カバーやマットに使ってもいいし、小物を1つ置くだけでもいいですよ
ラベンダーの芳香剤もOK！
トイレは汚れやすい場所
金運
健康運
美容運
全体運
だからこそ掃除すれば運がグーンと上がります！
うっとり…
夢みてる夢みてる
…掃除でも長居しないようにね

トイレ

家の中で一番の厄落としの場所。掃除＋消臭でキレイな空間を保って

この運をアップ！

全体運・健康運・金運・恋愛運

毎日使うトイレは汚れやニオイがつきやすく、悪運がたまりやすい場所。掃除がおっくうな場所だからこそ、キレイにすれば運を強力に上げられます。玄関・台所とともに、毎日掃除するのがオススメ。こまめな掃除で悪運をスムーズに流し、運気を上げれば、健康・お金・恋愛面でいいことがどんどん起こります。

トイレの開運ポイント

① 便器も床もピカピカにする

一番汚れやすい便器は、内側だけでなく外側もキレイに。悪い気は下にこもりがちなので、床掃除もしっかりと。尿が飛び散ることもあるので、壁も掃除して。

② マット・カバーをそろえて統一感を

トイレに入った時、明るい気分になる色を選ぶと運気アップ。トイレはせまいので、少ない色でまとめるとスッキリします。色風水を活用するのも◎（→Ｐ90）。

③ トイレ専用のスリッパを用意

トイレにスリッパがないと、足の裏にトイレの悪い気がつきます。そのままトイレを出ると、悪運を他の部屋に広げることに…。専用のスリッパを用意しましょう。

④ 消臭し、花の香りで心地よく

悪臭は悪運につながるので、換気はまめに。花を飾ったり、芳香剤などでいい香りを漂わせると、恋愛運アップ。花の写真を飾ると、悪い気を抑えられます。

便器の内側

ふち裏の汚れに注意

便器のふち裏は、頑固な汚れがたまりやすい場所。こびりつく前にクエン酸水をスプレーし、ブラシでこすり落としましょう。ヘッド部分が曲がった、小さめのブラシを使うと、掃除しやすく便利です。

こびりつきがひどい時は
クレンザーでこすり落として

磨きにくい場合は、ゴム手袋の上に軍手をはめ、その手にクエン酸水をかけて便器を直接磨くのもオススメ。

便器の内側

便座の裏やノズルも掃除

便座の裏はクエン酸水をかけ、トイレットペーパーで拭きます。シャワートイレは便座ノズルを引き出し、クエン酸水をかけたトイレットペーパーで拭きましょう。取れない汚れは歯ブラシでこすります。その後、トイレットペーパーで水拭きをしましょう。

掃除するのを忘れないように

つい忘れがちになりますが、月１回は便座ノズルの掃除をしましょう。引き出し方は、説明書などを参考に。

トイレ

1
2
3
4
5
6
クエン酸が雑菌の繁殖を防ぎ、トイレを清潔にしてくれます

便器の外側　汚れの少ない場所から拭いて

便器の外側は、汚れの少ない場所から掃除しましょう。イラストを参考に、①フタの表→②フタの裏→③便座の表→④便座の裏→⑤ふち→⑥便座の下の順で行うのがオススメ。全てクエン酸水をかけ、水拭きをします。最後に乾拭きをして仕上げを。

手が届きにくい場所や細かい部分の汚れは、歯ブラシなどを使って落としましょう。

memo

トイレブラシも除菌して清潔さをキープ

トイレブラシは、掃除して水を流す時にすすいでキレイにしましょう。ぬれたままだとカビが生えやすくなるので、こまめに乾かすように。また、月に2回くらいの頻度で除菌すると◎。便器の水に台所用の液体漂白剤を入れ、ブラシを立てて30分放置し、水を流して洗いましょう。

安いものを使い、こまめに買い替えるのもオススメ

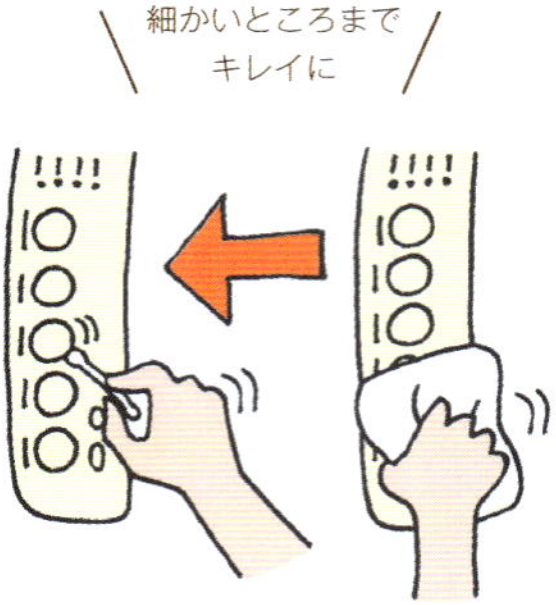

パネル やさしく拭いて手垢を落とす

パネル部分の汚れは、クエン酸水をつけた雑巾で拭きます。誤ってスイッチを押さないよう、やさしく拭くのがコツ。スイッチ周りの細かい汚れは、エタノールを含ませた綿棒でこすり落とします。終わったら水拭きと乾拭きをしましょう。

パネル部分は手垢で汚れやすいので、まめに掃除しましょう。

memo

マットやカバーの色で楽しく運気アップ

マットやカバーの色で、自分がほしい運を上げることができます。金運アップには黄、健康運には緑、恋愛運や対人運にはピンクやオレンジがオススメ。暗い色より明るい色の方が、いい運を招きます。また、マットやカバーに飛び散った汚れが、悪臭のもとになることも。週に1回くらいの頻度で洗濯しましょう。

同じ色でそろえると
見た目もキレイに

床　クエン酸を使って　スッキリ&除菌

トイレの床は、ペーパーモップやトイレットペーパーなどでホコリや髪の毛を取りましょう。週に1回、床全体にクエン酸水をかけ、水拭きします。乾拭きし、床が乾燥したら、最後にエタノールをかけて除菌します。

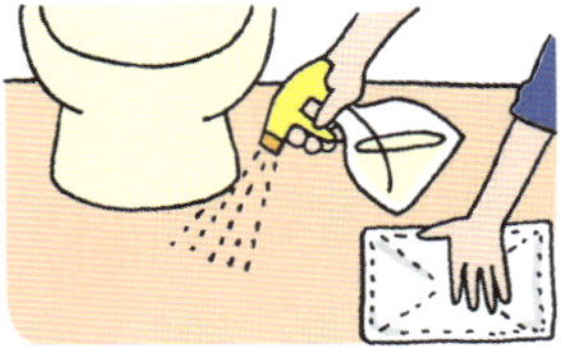

クエン酸水・エタノールは目立たない場所で試し、床が変色しないかを確認してから使いましょう

便器と床の間の細かな汚れは、歯ブラシでこすって汚れを落とします。エタノールで除菌する時は、窓を開けたり換気扇を回すなどしましょう。

壁　悪臭がつく前に　尿のはねを拭き取る

トイレの悪臭の原因の1つが、壁についた尿のはね返り。男性がいる家は特に注意し、壁についた尿はすぐに掃除しましょう。クエン酸水をかけて雑巾で拭けば、アンモニアが分解され、悪臭が消えます。

クエン酸水は、壁の目立たない場所で試し、壁にシミができないかを確認してから使いましょう。

タンク 水受けや蛇口は重曹でキレイに

黒ずみがたまりやすい水受けは、重曹をかけてスポンジでこすり、キレイに。蛇口はクエン酸水をかけ、歯ブラシでこすって水垢を落としましょう。

水受け・蛇口ともに汚れが取れない場合は、トイレットペーパーをかぶせてクエン酸水をかけ、1時間後に水拭きと乾拭きを。

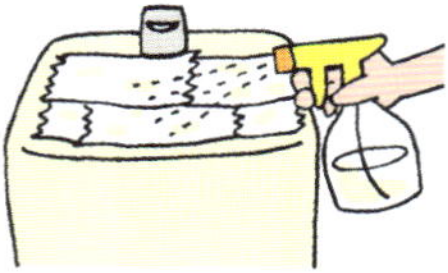

クエン酸水がタンク内に大量に入ると、金属部分が劣化するので注意

タンク 重曹でタンク内もスッキリ

6時間ほどおく必要があるので寝る前に重曹をかけよう

タンクの中を掃除するには、重曹を使います。タンク内にも入るよう、水受けに重曹1／4カップをかけ、一晩放置します。翌日、ぬらしたスポンジで水受けの重曹をこすり、水を流して重曹を流しましょう。

memo コーヒーかすでトイレを消臭

コーヒーかすをフィルターごとお皿に入れてトイレに置くと、尿のアンモニア臭を吸収してくれます。乾燥したものより、水分を含んだかすの方が消臭率がアップ。消臭効果が薄れたら、可燃ゴミとして捨てます。

方位別・開運ポイント

トイレがどの方位にあるかで、開運ポイントが変わります。自分の家はどの方位か、調べてみましょう。

北

冷えやすい方位なので、オレンジなどの暖色系を使い、温かい雰囲気に。

北東

白でまとめるのがオススメ。盛り塩や炭を置いて、空間を浄化するのも◎。

東

赤や青を使うと、仕事運や成長運がアップ。植物を置くのも効果的です。

南東

イヤなニオイがこもると、人間関係や恋愛に悪影響。消臭をしっかりしましょう。

西

汚れると、金運や結婚運が下がるので注意。色は黄色やピンクがオススメ。

北西

汚れると仕事運ダウン。質のいいタオルやスリッパを使うと、運が上がります。

南

南の火のパワーとトイレの水の気で、アンバランスな状態に。植物を置いて中和を。

南西

ベージュなどの落ち着いた色でまとめると、家庭運や健康運がアップ。

お風呂

健康や美容に効き、愛情運を深める場所。カビ・水垢対策をしっかりと

この運をアップ！

健康運・愛情運・美容運・金運

お風呂がキレイだと健康運が上がり、肌や容姿もよくなります。男女間の愛情が深まり、素敵な恋人に恵まれたり、夫婦仲がよくなる効果も。水場（お風呂・トイレ・台所）の掃除をしっかりすると、恋人や夫（妻）の浮気防止もできます。カビや水垢がたまりやすいので、落ちない汚れになる前にきちんと掃除しましょう。

お風呂の開運ポイント

①シワや乾燥肌を招くカビはＮＧ！

カビは美容運を大きく下げ、シワや乾燥肌につながります。男女の仲にカビが生え、関係が悪くなることも…。しっかり掃除＋換気をして、カビ対策をしましょう。

②容姿をくすませる水垢はすぐ掃除

浴槽や蛇口、鏡などに水垢がたまると、容姿がくすみます。入浴後すぐに掃除するなど、汚れをためないようにすれば、年齢を重ねてもキレイでいられます。

③シャンプーは床に置かない

シャンプーなどを床に直接置くと、ぬるぬるした汚れがつき、悪運がたまります。ラックなどに入れ、清潔にしましょう。掃除もしやすくなります。

④いい香り＋暖色系で愛情を深める

フラワー系の香りは恋愛運、果物系の香りは結婚運をアップ。シャンプーや入浴剤などで取り入れましょう。色がピンクやオレンジだと、男女の仲が深まります。

壁・床　重曹水で洗って汚れを落とす

壁や床は全体にシャワーをかけ、汚れをざっと落とします。その後、重曹水をかけてスポンジで全体に広げ、冷水で洗い流しましょう。目地の細かい汚れは、歯ブラシでこすって落とします。

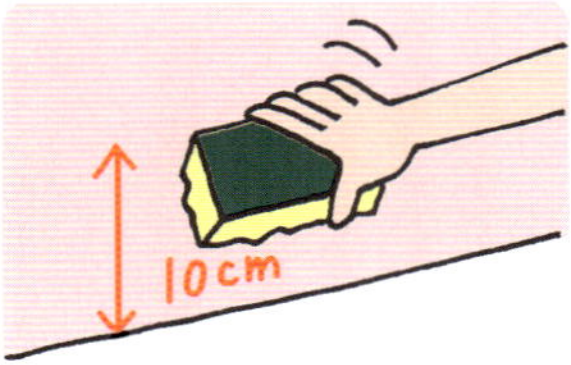

床上10cmの壁にカビがつきやすいので、クエン酸水をかけてこすり洗いを

お風呂掃除は入浴後が◎。冷水を浴室全体にかければ室温が下がり、カビ防止にもなります。最後に雑巾やスクイージーで水分を取り、換気扇を回して。

壁・床　カビは広がる前に重曹で撃退

カビはすぐ掃除が重要。軽いものなら湯をかけ、重曹をつけたスポンジや歯ブラシでこすり落として。目地の黒カビには、酸素系漂白剤をぬってラップし、30分後に歯ブラシでこすりましょう。その後、冷水でよくすすいで。

すすいだ後は、雑巾やスクイージーで水分を取りましょう

最後にエタノールを全体にスプレーして乾かし、カビ予防をしましょう。殺菌力が落ちないよう、水気を取ってからエタノールをかけるのがポイント。

下から上へ、円を描く
ようにこすってね

浴槽

スポンジで汚れを落とす

浴槽は入浴後すぐに湯を抜いてシャワーをかけ、スポンジでこすります。排水口の周りは歯ブラシで磨き、汚れを落とします。最後に冷水シャワーですすぎ、乾拭きして水分を取り除きましょう。

浴槽の四隅や、湯がたまっていた水位線は、汚れがたまりやすい場所。気になる汚れには重曹水をかけ、スポンジでこすりましょう。

お風呂

浴槽

気になる水垢は酢でスッキリ

浴槽の水垢には、酢が効果的。スポンジにお酢スプレーをかけてこすれば、水垢が落ちやすくなります。しつこい水垢には、お酢スプレーを含ませたキッチンペーパーをかぶせ、しばらく放置。その後ペーパーを外し、スポンジでこすって洗い流して。

お酢のパワーで
水垢をキレイに

浴槽と壁の境い目にも汚れがたまるので、歯ブラシで落としましょう。しつこい汚れは、重曹をつけてこするとキレイに。

天井 高い場所もモップでキレイに

天井は湿気がたまりやすく、カビが発生しやすいので、ペーパーモップで掃除を。クエン酸水をつけて固くしぼった布をモップにつけ、天井や壁を隅々まで拭きます。その後、乾いた雑巾につけ替えて、乾拭きを。

壁の高い部分も拭きましょう

すのこ まめに乾燥させてカビ防止

裏面もカビが生えてないか、チェックしましょう

すのこは入浴後に壁に立てかけて換気扇を回し、よく乾燥させましょう。ぬめりやカビがついたらお酢スプレーをかけ、スポンジの固い面やたわしでこすります。その後、冷水でキレイに洗い流し、乾拭きで水気を取りましょう。

memo

残り湯は悪運のもと早めに流して

入浴中は、体にたまった汚れとともに悪い気や厄が体外に出ます。それを含んだ残り湯をそのまま放置していたり、洗濯などに使うと、悪い気が広がってしまいます。残り湯は入浴後すぐに流し、悪運を残さないようにしましょう。

排水口　汚れを落として金運と美をキープ

排水口が詰まると金運が下がり、太りやすくなります。カバーを外し、髪の毛などを取りましょう。その後、目皿や中のパーツを取り出し、重曹をふりかけて歯ブラシでこすります。終わったら水洗いし、元に戻しましょう。

月に一度、100倍に薄めた塩素系漂白剤に目皿やパーツを入れ、つけおき洗いをするとキレイになります。

排水管　重曹＋酢で配水管をスッキリ

週に一度は、排水管のぬめり対策を。排水口に重曹1カップをふりかけた後、電子レンジで1分半温めた酢100㎖を注ぎます。2時間ほど放置し、浮いてきた汚れと重曹が残らないよう、湯でしっかりすすいで。

二酸化炭素の泡で、汚れを浮き上がらせます

酢のニオイが気になる場合は、クエン酸小さじ1と水200㎖を混ぜ、沸騰させたものを流してもOKです。

蛇口 クエン酸で水垢やくすみを落とす

蛇口の汚れも、美容運に悪影響。水垢はクエン酸水をかけて歯ブラシでこすり、水洗いします。取れない水垢はクエン酸水をかけてラップし、30分後に水洗いを。最後に、雑巾やタオルで乾拭きします。

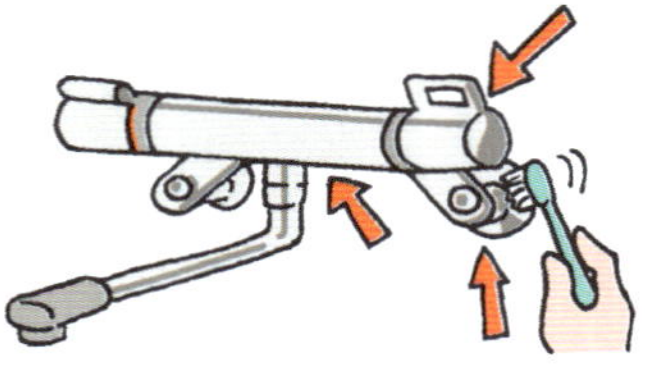

水道管や取っ手など、カビの生えやすい部分は歯ブラシで念入りに掃除を

くすんでいる部分があれば、ぬらしたメラミンスポンジでこすり、水でキレイに洗い流しましょう。

シャワー ヘッド・ホースも清潔に

シャワーヘッドの水垢は、歯ブラシで落としましょう。全体が汚れている時は、洗面器に水1ℓとクエン酸大さじ2を入れ、シャワーヘッドをつけて1時間放置します。その後、浮いてきた水垢を歯ブラシでこすり、水で洗い流しましょう。

ホースの汚れは、重曹水をつけたスポンジでこするとキレイになります。

お風呂

鏡　水垢はクエン酸で取ってキレイに

鏡の水垢はクエン酸水をかけ、水拭きを。取れない水垢にはクエン酸水をかけ、ラップで覆って1～2時間放置し、洗い流します。その後、乾いた雑巾やタオルで水分を拭き取って。

鏡がくもると、美容運がダウン。恋人や夫（妻）の気持ちもわからなくなります。

重曹が残らないよう、しっかり洗い流して

カーテン　重曹でカビや黒ずみ防止

シャワーカーテンはカビや黒ずみがつかないよう、入浴時に飛び散った泡をシャワーで洗い流しましょう。週に一度、重曹水をスポンジにつけてこするとキレイに。

小物　洗面器やイスはクエン酸で清潔に

小物の汚れにはクエン酸水をかけ、10分ほど放置します。その後、重曹をかけてスポンジでこすりましょう。しつこい汚れにはティッシュをかぶせてクエン酸水をかけ、1時間放置してから重曹でこすります。

終わったら全体を水で洗い、逆さに置いて乾燥させましょう

換気扇

ホコリを落として快適さをキープ

換気扇を掃除する時は電源を切り、ついている水分を拭きましょう。その後、フィルターを外して水拭きし、ホコリや汚れを落とします。取れない汚れには重曹をかけ、歯ブラシでこすって落としましょう。

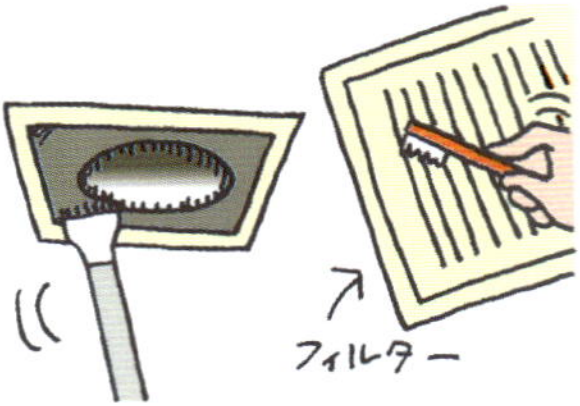

換気扇本体は歯ブラシでホコリをかき出し、掃除機で吸います

ドア

忘れがちなドアもキレイに掃除を

ドアの溝やパッキング部分は、重曹をつけた歯ブラシでこすり、汚れを落とします。ドア全体は固くしぼった雑巾で拭き、クエン酸水をスプレーして乾拭きしましょう。終わったらドアを開け、よく乾かします。

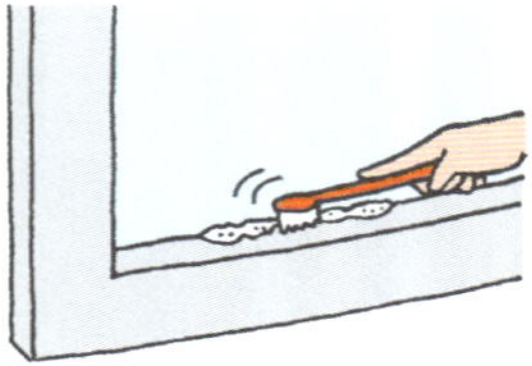

簡単でもいいので、入浴の度に掃除できるとベストです

memo

優雅なバスタイムで女性の運を高める

バスタイムが充実すると、女性の運気が上がります。花の香りやピンク系の入浴剤を使うと、恋愛運がアップ。結婚運を上げるには、果物モチーフのバスグッズ（ボディスポンジやタオルなど）を使いましょう。

フラワーバスを使うと美が高まり、良縁に恵まれます

方位別・開運ポイント

お風呂がどの方位にあるかで、開運ポイントが変わります。自分の家はどの方位か、調べてみましょう。

北

汚れると男女関係が悪くなります。ピンク系の小物でやさしい雰囲気に。

北東

白や黄色でまとめると、運気がいい方向に変わります。汚れたらすぐに掃除を。

東

キレイにすると仕事運が上がり、若さも保てます。赤や青の小物がオススメ。

南東

石けんや入浴剤でいい香りを漂わせると、いい出会いに恵まれます。

西

黄色を取り入れると、金運アップ。ゴールドをポイントで使うのも効果的。

北西

汚れると仕事運や出世運ダウン。徹底的に掃除し、高級な小物で上質な雰囲気に。

南

湿気や残り湯をためると、美容運や才能運にマイナス。換気をしっかりと。

南西

茶色や緑を使ったり、陶器の小物でまとめると、家庭運が上がります。

洗面所

美容や才能を左右する場所。掃除すればいつまでもキレイでいられます

この運をアップ！

美容運・才能運

洗面所はお風呂と同じく、洗顔や歯磨きなどで1日の汚れや厄を落とす場所。汚れると美容運が大きく落ちるので、まめに掃除しましょう。また、鏡や蛇口をキレイに磨くと才能運がアップし、美しさを高めることにもつながります。小物が多く、散らかりやすい場所なので、定期的に整理し、スッキリした空間にしましょう。

洗面所の開運ポイント

① 鏡と洗面台はいつもピカピカに

鏡は美容運と才能運を上げる、大切なもの。キレイに磨き、ピカピカにしましょう。洗面台や蛇口に水垢などがたまると容姿がくすむので、まめに掃除を。

② 排水口の詰まりは美容運ダウン

台所やお風呂と一緒で、排水口が詰まると肌荒れにつながり、太りやすくなります。金運も下がり、悪い噂が立つ恐れも。ゴミや汚れを取り、キレイにしましょう。

③ 古いケア用品はすぐ捨てる

古いケア用品をいつまでも置いておくと、悪い気が宿って老けやすくなります。運気もダウンするので、いらないものはすぐに捨て、ものを整理しましょう。

④ 厄を落とす洗濯機もキレイに

洗濯機は、外でついた厄を汚れと一緒に落とします。汚れや水をためたり、汚れた衣類を置きっぱなしにしていると、対人運や仕事運が下がるので注意。

洗面台

使用後にさっと拭いて清潔に

洗面台のボウルは、石けんかすや歯磨き粉がつきやすい場所。そのまま放置していると、水垢がたまってしまいます。洗顔後や歯磨き後にスポンジでさっとこする習慣をつけ、キレイな状態をキープしましょう。

使ったらさっと
拭くのを習慣に

普段からボウル、蛇口、鏡などについた水分を古タオルや雑巾で拭くようにすれば、水垢防止になります。

洗面台

気になる汚れには重曹とクエン酸

ボウルが汚れてきたら、重曹をつけたスポンジでこすりましょう。しつこい水垢にはクエン酸水をかけてこすります。水位穴は、重曹をつけた歯ブラシで汚れを落としましょう。最後に全体を水拭きし、しっかり乾拭きを。

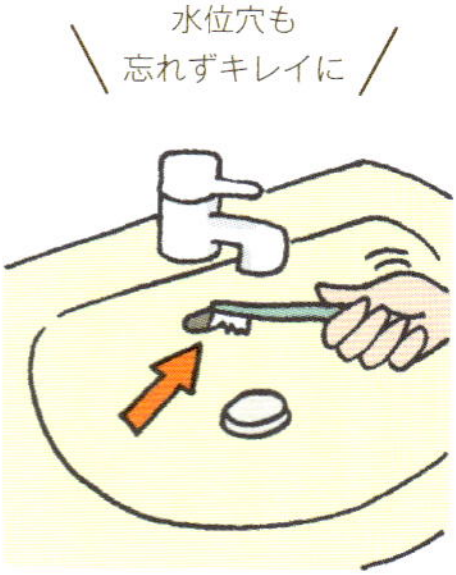
水位穴も
忘れずキレイに

メラミンスポンジを使うと黒ずみがよく落ちますが、ボウルの光沢がなくなることもあるので気をつけましょう。

排水口

重曹を使って汚れを落とす

排水口の周辺は重曹をかけ、歯ブラシでこすって汚れを落とします。週に一度、排水口の栓をつまんでヘアキャッチャーを取り出し、たまったゴミを捨て、重曹ペーストをつけた歯ブラシでこすりましょう。

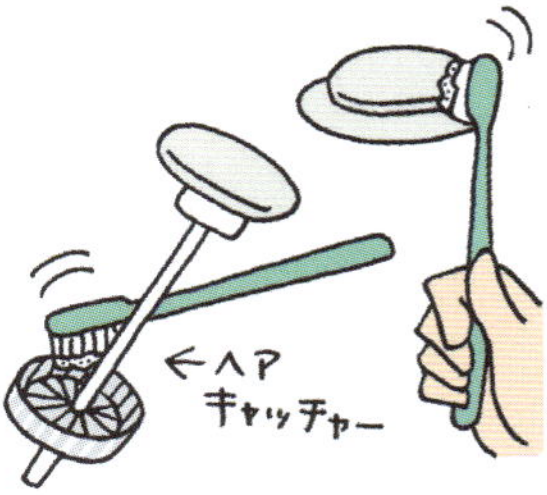

排水管のぬめり取りには、重曹１カップと電子レンジで１分半温めた酢100㎖を順にかけ、１時間後に水で流しましょう。消臭にもなります。

洗面所

蛇口

歯ブラシで細かな汚れも掃除

洗面所の蛇口は、洗面台との境い目の部分に汚れがたまりやすいので注意。歯ブラシでこすって、細かい汚れをキレイに落としましょう。全体の汚れが取れたら水拭きし、最後に乾拭きすれば、キレイになります。

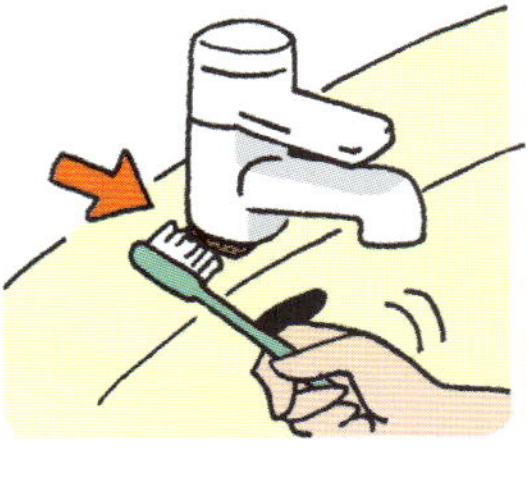

蛇口の奥など、手の届きにくい部分も丁寧に掃除しましょう

蛇口に石けんかすがつくと、くすみの原因に。お風呂の蛇口と同じ方法で掃除しましょう（→P100）。

洗顔後にさっと拭けば
いつもキレイ！

鏡

鏡をピカピカに磨いて美容運を上げる

鏡を磨くと美容運がアップ。古ストッキングを丸めたもので拭くと、布の毛羽が鏡につかず、キレイに拭けます。水垢にはクエン酸水をかけ、乾いた布で拭きましょう。乳液やクリームなどの油膜汚れには、エタノールをかけて雑巾で拭くと◎。

窓と同じように、新聞紙で鏡を拭くとピカピカになります（→ P71）。

memo

暗い洗面所は美と人間関係にマイナス

洗面所の照明は明るくしましょう。自分の顔を映す鏡が暗いと、美容運が下がってしまいます。また、人にうまく心を開けず、内向的になってしまうことも。人から誤解されたり、周囲に理解されないなど、人間関係にマイナスの影響をおよぼすので気をつけましょう。

どよーん

細かい部分は
歯ブラシでこすって

キャビネット

ものを出して隅々まで掃除

月に一度はキャビネットのものを出し、掃除を。乾いた雑巾でホコリを取り、水拭きをします。こびりついた汚れには重曹をかけ、ぬらした歯ブラシでこすりましょう。最後にエタノールを全体にかけて除菌し、よく乾かしてから、ものを戻します。

ものは底や周りを拭き、汚れを落としてから戻しましょう。

収納

ゴミと湿気をためないよう注意

洗面台下の収納スペースは、中のものを全て出し、掃除機でホコリを取って水拭きを。ひどい汚れには重曹水をかけて拭きましょう。最後に乾拭きし、完全に乾いたらものをしまいます。

排水管の水漏れがないか
合わせてチェック！

洗面台下の収納スペースは湿気がたまりやすく、悪臭の原因に。重曹を瓶に入れ、ガーゼでフタしたものを置くと、湿気対策ができます。

床

まめな掃除でキレイをキープ

床はペーパーモップで拭き、汚れをためないように。取れない汚れは水拭きし、落ちない場合はクエン酸水をかけて拭きます。石けんや歯磨き粉がこびりついていたら、歯ブラシでこすりましょう。終わったら床全体を乾拭きします。

髪やホコリをためないように
さっと掃除を

入浴前後に粘着ローラーで床のゴミをさっと取るようにすると、キレイをキープできます。

洗濯機

洗濯槽を掃除して汚れやカビを除去

洗濯槽のふちや柔軟剤の投入口は、重曹ペーストをつけた歯ブラシで汚れを落としましょう。数ヵ月に一度、40℃の湯を高水位まで入れ、クエン酸大さじ1を入れて5分回し、一晩放置します。翌朝、浮いてきたゴミを取り、注水・洗い・すすぎを3回ほどくり返し、水を抜きましょう。

水より湯を使う方が
キレイになります

汚れがひどい場合は、クエン酸の代わりに酸素系漂白剤1カップを入れましょう。

洗濯機

手垢や汚れは水拭きで落とす

洗濯機の外側も、ホコリや手垢で汚れやすい場所。固くしぼった雑巾で水拭きしてキレイにし、最後に全体を乾拭きしましょう。

洗濯槽の掃除後や洗濯後すぐにフタをすると、残った水分からニオイやカビが発生します。掃除後や洗濯後はフタを開け、洗濯槽をしっかり乾燥させて。

洗濯機

ストッキングで防水パンの汚れをとる

ねじったハンガーに古ストッキングをかけ、洗濯機の底に入れて汚れをかき出し、掃除機で吸い取ります。ホコリが取れたら固くしぼった雑巾で防水パンを水拭きし、乾拭きを。

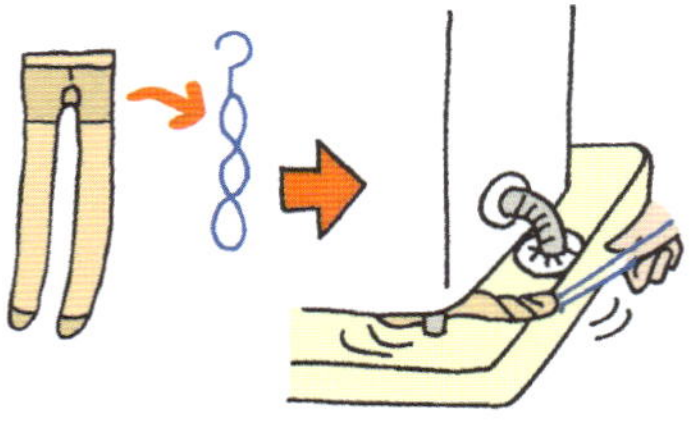

髪の毛やホコリがたまりやすい場所なので、まめに掃除を

古ストッキングをかけたハンガーは、家具のスキマのホコリ取りに便利です。細長くねじると、使いやすさがアップ。

うっかりトイレで盛り上がってしまいましたが…
すみませ～ん
ありがとうございまーす
改めてくつろいでくださいね
えーと お茶お茶
にしださん これよかったら
これ好きなんスよ～
わ～ ありがとうございます！
↖北海道出身
にしださん、台所キレイにされてますねー
おおー
エヘー
そうですか～？

キレイですけど ちょいちょい惜しいです
ん―
来た！
先生チェック
これ、よく皆さんやってますけど…
カバーで汚れをガードしてるんです！
ねっこんなにキレイ!!
確かにカバーの裏は汚れませんが…
汚れたカバーをそのままつけてたら、汚れてるのと同じですよね
なんてこと!!
ご名答!!
ニシシ…

そんなことをするより、カバーをつけずにさっと拭く方がキレイですよ
コンロ周りを拭く時はやけどに注意!!
調理後すぐに水拭きすれば油汚れも簡単に落とせます
それでも取れない汚れは重曹水をかけて拭きましょう
白く残らないよう拭きとって
あとシンクの汚れも要注意!
ここ、汚れますよね…
私の家も…
シンクの水垢は金運ダウン
No!!汚れ
排水口の雑菌は肌荒れのもと!!
キャア…

食器を洗う時の
スポンジも大事です！
キレイキレイ〜♪
これが汚れていると
洗った食器に
悪運をつける
ことに…
ガーーン
なんだか
ポイントが
多すぎて
へこみます…
私のやってた
ここはすべて
間違い…
ブツブツ
ひきこもり
毛布
あらあら
ごめんなさい
私ってばつい本気
モードに…
センセ
台所は暮らしに大切な
火と水を扱う場所
ほーら
怖くないよ〜
出ておいで〜
タン
タン
ここをキレイにすれば
金運と家運《かうん》が上がるんです
家運？

台所は、家族が毎日
ご飯を食べられるように
お金を呼んでくれる場所
いただきまーす
ご飯があれば
家族は健康でいられるし、
仕事や勉強も頑張れるんです
美容にも いいですよね
台所は家族全員の
運や幸せを上げて
くれるんですよ
そうなん
ですね〜
ちなみに台所の
難所の換気扇
あ!
前に掃除したの
いつだっけ…
換気扇を掃除すると…
良縁が
舞い込みます
本当ですかあ!?
びくっ

換気扇は
くるくると回るもの
くるくる
回る＝円＝縁から
縁を呼ぶもの
なんです
回る＝円
＝縁
へ〜
キレイにすると、いい出会いに恵まれますよ
恋愛も仕事もね
すげー
やる気
帰ったら掃除します!!
出会い
あと、食器のくすみは
肌のくすみにつながるので
気をつけてね
!!!
しゃかしゃか
しゃか〜〜っ
あの… そろそろ…
打合せを…

台所

台所

家全体の運を上げる場所。汚れや悪臭に気をつけ、清潔な空間に

この運をアップ！

金運・家運（家全体の運）

台所は金運や家運を左右し、恋人や夫婦関係にも影響をおよぼします。油汚れや水垢、悪臭などがたまりやすいので、しつこい汚れになる前に掃除しましょう。調理中、色々なニオイもこもりやすいので、まめな換気と消臭も忘れずに。明るくキレイな台所にすれば、家族全員の運が上がり、毎日イキイキと過ごせます。

台所の開運ポイント

1 植物で火と水のバランスを取る

植物を置くと、火と水のバランスが取れます。花瓶にさした植物より、陶器に入った土入りの植物が◎。コンロとシンクの間に限らず、どこに置いてもOK。

2 シンクの水垢は金運ダウン

シンクの水垢は、金運ダウンにつながります。排水口の雑菌は、お風呂同様に肌荒れや悪い噂を招くもとに。使ったらさっと掃除するなど、汚れをためない工夫を。

3 コンロの汚れは衝動買いを招く

コンロが汚れると金運が下がり、ムダづかいや衝動買いに走りやすくなります。放置すると落ちにくい汚れになって悪運をためるので、ついたらすぐ掃除を。

4 不用な食材、調味料は運を逃す

不用な食材や調味料をためると、運にも健康にも大きなマイナスを与えます。不用な野菜は健康運ダウン、果物は金運ダウンになるので、早めに捨てましょう。

シンク　使ったら掃除して キレイをキープ

シンクは液体石けんをつけたスポンジで洗い、すすぎましょう。くすみには重曹をかけ、ぬらしたスポンジでこすります。三角コーナーは、石けんをつけたスポンジで洗いましょう。

蛇口は、お風呂と同じ方法で掃除しましょう（→P100）。

シンクは目（細かい筋）に沿ってこすりましょう

排水口に10円を3枚入れると、ぬめり予防に。約1カ月効きます

排水口　毎日の掃除で 汚れをためない

排水口は1日の終わりにゴミを取り、液体石けんをつけたスポンジでこすります。排水口の周辺やゴミ受けには重曹をかけ、歯ブラシでこすりましょう。最後に80℃くらいの湯ですすげば、悪臭も抑えられます。

調理台・壁　汚れがついたら すぐに拭き取る

湯でしぼった雑巾で、調理後すぐに調理台や壁を拭けば、キレイをキープできます。油でベトつく場合は、重曹水をかけて拭きましょう。

黒ずみやサビは、ぬらした歯ブラシに重曹をつけてこすり、白く残らないよう水拭きを。

汚れを放置すると落ちにくくなるのですぐに拭いて

床　床はすぐに拭き、マットは洗濯を

床は、食品のかすや油はねがこびりつく前に水拭きを。また、キッチンマットが汚れると、結婚運・家庭運ダウン。掃除機でゴミを取り、気になる汚れには酸素系漂白剤をつけ、ネットに入れて洗濯機で洗いましょう。

キッチンマットは
汚れた部分が外側になるように
たたんで、洗濯ネットに

床がベトつく時は、重曹水をかけて拭きましょう。ペーパーモップに重曹水をかけた古布をつけ、掃除するのもOKです。

コンロ　五徳の油汚れには重曹が効く

五徳は、重曹をつけたスポンジや歯ブラシでこすり、水洗いしてよく乾かしましょう。しつこい油汚れがあれば、湯１ℓに重曹大さじ３を入れたものに五徳をつけます。１時間後に湯で洗い、残った汚れは重曹をつけた歯ブラシでこすりましょう。

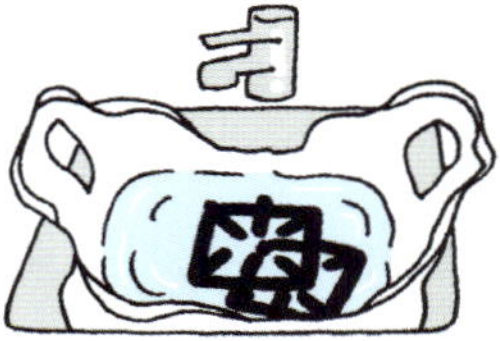

シンクに二重にしたスーパーの袋を置き、重曹と湯を入れて五徳をつけおきしてもOK

最後に水でしっかりすすぎ、重曹をキレイに洗い流します。全体を乾拭きしてから、コンロに戻しましょう。

コンロ

IHヒーターはラップで掃除する

IHヒーターは、使用後に熱が取れたら水拭きしましょう。目立つ汚れには重曹ペーストをぬり、丸めたラップやアルミホイルでこすり落とします。その後、固くしぼった雑巾で水拭きし、乾拭きしましょう。

円を描くようにして
やさしくこすりましょう

グリル

重曹でニオイもぬめりもスッキリ

グリルは新聞紙で油を拭き、熱湯をかけ、汚れを浮かします。その後、全体に重曹をかけて熱湯を注ぎ、軽く冷めたらスポンジや歯ブラシでこすりましょう。庫内は重曹水をつけた雑巾で拭き、こびりついた汚れは歯ブラシでこすります。

やけどに気をつけながら、
掃除しましょう

memo

スポンジ・ふきんも洗って清潔に

スポンジは湯ですすぎ、クエン酸を入れた湯に一晩つけ、よくしぼります。ふきんは石けんで洗って乾かし、エタノールをかけて除菌を。週に一度、鍋に湯1ℓと粉石けん大さじ2を入れ、ふきんを入れて5分煮立たせ、火を止めて冷めたらぬるま湯ですすいで。

煮立たせる時は
菜ばしでかき混ぜて

湯の温度の目安は
部品が金属製なら60℃、
プラスチックなら40℃だよ

換気扇　フィルターもパーツも清潔に

換気扇は半年に一度、羽などの部品を外し、湯１ℓに重曹大さじ３を混ぜたものにつけ、１時間後に洗い流しましょう。残った汚れは重曹をつけたスポンジや歯ブラシでこすり、しっかりすすいで乾燥させ、元に戻します。

普段は週に一度フィルターを外し、重曹をつけたスポンジや歯ブラシで汚れを落とします。本体の油だまりは、古布を巻いた割りばしでこすり落として。

冷蔵庫　月に一度、食品を出して庫内を掃除

冷蔵庫内の油汚れにはエタノールをかけ、固くしぼった雑巾で拭きます。こびりついた汚れには重曹をかけ、ぬらした歯ブラシでこすりましょう。ドアパッキンの汚れにはエタノールをかけ、歯ブラシや綿棒でこすります。

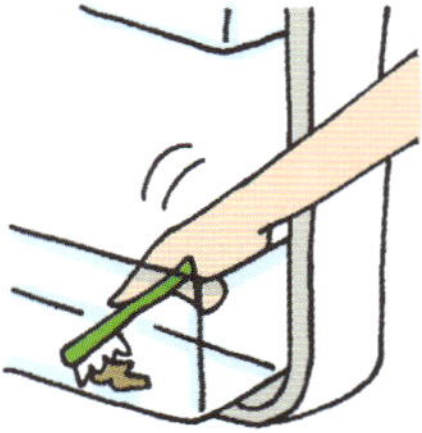

ドアポケットの汚れも
キレイにしましょう

冷蔵庫の外側もエタノールをかけて水拭きし、乾拭きでキレイにしましょう。

鍋 取れないこげは重曹で煮て落とす

鍋のこげは金運を下げるので、重曹をつけたスポンジでこすり洗いしましょう。落ちない場合は、鍋に水1ℓと重曹大さじ3を入れ、10分沸騰させます。火を止めて放置すると汚れが浮かんでくるので、湯を捨ててスポンジでこすり、落としましょう。

アルミの鍋に重曹を使うと変色するので、代わりにクエン酸ひとつまみか酢大さじ１を入れましょう。ただしアルミは酸に弱いので、多少黒ずみます。

やかん クエン酸で内側の水垢をキレイに

やかんの内側の水垢には、水1ℓとクエン酸小さじ1を入れ、10分ほど沸騰させます。一晩放置してからすすぎ、スポンジでキレイにこすりましょう。外の油汚れには重曹をかけ、ぬらしたスポンジで落とします。本体と注ぎ口の境い目など、細かな部分は歯ブラシでこすりましょう。

内側に水分が残ると、ニオイや水垢の原因になります。使用後は、水洗いと乾燥を忘れずにしましょう。やかんをキレイにすると、才能運が上がります。

電子レンジ

重曹で拭き、汚れを落とす

電子レンジの庫内や外側は、重曹水で固くしぼった雑巾で拭きましょう。水気を嫌うヒーター部分は乾拭きし、スイッチ周りはエタノールをつけた綿棒でこすります。最後に全体を乾拭きしましょう。

水200mℓに重曹小さじ１を混ぜたものを５分加熱し、庫内に蒸気を満たすと、汚れが落ちやすくなります

まな板

汚れを落とし太陽の光で消毒

不潔なまな板は貯蓄運ダウン。重曹をつけたスポンジでこすり、お酢スプレーをかけて発泡させ、熱湯で洗いましょう。落ちないシミは、酸素系漂白剤大さじ１を溶かした２ℓのぬるま湯に30分ほどつけ、すすぎます。洗ったら天日干しし、殺菌を。

つけおきできない部分は漂白剤を染み込ませたふきんをかぶせて

memo

ゴミ箱の掃除・消臭で悪運を断つ

ゴミ箱の悪臭は運を大きく下げるので、フタつきのゴミ箱を使いましょう。ニオイが気になったら中身を空にし、液体石けんをつけたスポンジでまるごと洗います。しっかりすすいで乾燥させたら、エタノールをかけて除菌しましょう。

重曹や乾燥させた茶殻、コーヒーかすを底に入れると、消臭できます

食器

クエン酸・重曹でピカピカに！

グラスがくすんでいると、美容運と才能運がダウン。クエン酸水につけおきし、湯で洗い流して、ピカピカにしましょう。それでもくすみが残っていたら、重曹をつけたスポンジでこすり、しっかりすすぎます。

熱湯に酢を入れ、グラスをつけおきしてもOK！

湯のみなどの茶渋も、重曹をかけてスポンジでこすります。落ちない場合は酸素系漂白剤を混ぜた水につけ、しばらく放置した後にすすぎましょう。

小物

くすみとニオイを取って清潔に

カトラリーのくすみには重曹をかけ、スポンジでこすって落とします。それでも落ちない場合はクエン酸水につけ、重曹をかけて発泡させせましょう。しばらく放置した後、キレイにすすげば、ピカピカになります。

泡のパワーでくすみが取れるよ
サラサラサー

タッパーなどの容器は、重曹大さじ４を混ぜた60℃の湯１ℓにひたします。30分後、スポンジで全体をこすって湯ですすげば、汚れもニオイもスッキリ。

方位別・開運ポイント

台所がどの方位にあるかで、開運ポイントが変わります。自分の家はどの方位か、調べてみましょう。

北

水垢がたまると金運が下がるので、まめに掃除を。小物は暖色系がオススメ。

北東

調理器具や食品をきちんと整理し、白や黄色でまとめると、開運につながります。

東

赤や青の小物を置くと、健康運に◎。音楽を聴きながら料理すると、運気アップ。

南東

香りが重要な方位で、イヤなニオイがすると運が大きくダウン。消臭をしっかりと。

西

食費がかさみやすくなるので注意。食器や小物は、丸いものを使いましょう。

北西

食器やカトラリーを質のいいものにすると、家の主人の運がよくなります。

南

カトラリーなど、金属のものをピカピカにすると、才能や美貌に磨きがかかります。

南西

陶器や素焼きの小物など、温かみのある小物や食器を使うと、家庭運アップ。

寝室

悪運を落とし、新しい運をスムーズに入れられるよう、清潔でキレイな空間に

この運をアップ！

全体運（悪運を出し、新しい運を入れる）

寝室は1日の疲れや悪運を出し、新しい運を補充する場所。キレイで居心地がいいと、運の代謝がよくなり、幸運体質になれます。寝室自体が落ち着くよう、キレイに掃除するとともに、温度や湿度を快適なものに調節しましょう。また、起床後は睡眠中に出した悪運がたまっているので、換気するのがオススメです。

寝室の開運ポイント

1 ベッド下は掃除＋整頓でスッキリ

ベッドは新しい運を補充する場所。その下がホコリや不用品であふれていると、そこにたまる悪運を吸収してしまいます。掃除し、いい運を補充しましょう。

2 シーツを変えて運気アップ

寝ている間に出た悪い気は、寝具にもつきます。まめに洗って清潔にしましょう。1週間、毎日シーツを変えると強力な運気アップに。枕カバーだけでもOK。

3 照明で部屋の気を落ち着かせる

明るさを調節できる照明があると◎。夜に近づくにつれて明るさを落とすと、寝室自体が落ち着き、快眠しやすい空間に。運もスムーズに補充できます。

4 キレイなドレッサーで美容運アップ

ドレッサーの鏡を磨くと、美容運がアップ。鏡に映るものが容姿に影響するので、ごちゃごちゃしたものや汚い部屋が映るのはNG。鏡の前はキレイに整理を。

布団 日光で乾燥させ、湿気対策を

布団は寝汗でダニが発生しやすいので、こまめに天日干しをしましょう。表・裏をそれぞれ1時間ずつ、湿気の少ない時間帯に干します。15時以降は湿度が上がるので、晴れていても布団を取り込みましょう。

叩くとダニがつぶれ、布団に入り込むのでNG！

羊毛の布団は２時間程度の天日干しか、風通しのいい場所で陰干しを。羽毛布団は直射日光を避け、カバーをつけたまま陰干ししましょう。

布団 掃除機をゆっくりかけ、キレイに

布団を干した後は、全体に掃除機をかけましょう。ノズルにストッキングをかぶせると、布団を吸い込まずにダニや汚れが取れます。布団の表面にかけたら、裏面も同様にかけましょう。

1mにつき20秒くらいのスピードで、縦と横にゆっくりかけてね
ぶい〜ん

UV殺菌やたたき振動で、細かいホコリやダニを除去できる布団専用ノズルも販売されているので、活用すると便利です。

ベッド

マットは定期的に掃除＆湿気を取る

ダニやカビの温床になりやすいベッドは、定期的に掃除を。マットの縫い目など、細かい部分の汚れを歯ブラシやつまようじでかき出し、掃除機に専用のノズルをつけて、マットのホコリを取ります。その後、マット全体に重曹をかけて30分おき、掃除機をかけて除菌しましょう。ひっくり返し、裏面も同様に掃除します。最後にマットを立てて扇風機を当て、湿気を取って乾燥させましょう。ベッドフレームは重曹水をつけて固くしぼった雑巾で拭き、乾拭きで水気を取ります。

①マット全体に重曹をかけ、ホコリやダニと一緒に掃除機で吸います

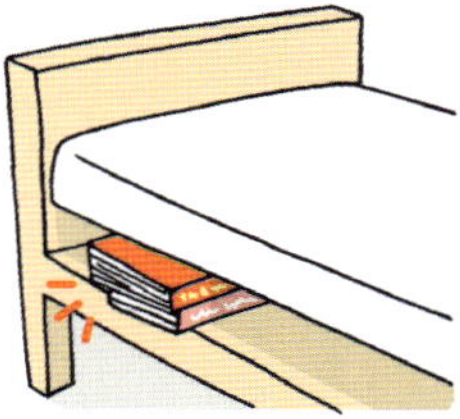

②壁に立てたり、本をはさんでマットを浮かせ、乾燥させます

memo

ベッドを斜めに置くのはNG

ベッドを斜めに置くと、運気が散漫になります。ベッドの角を人に向け、攻撃することにもなるので、避けましょう。また、西日が多く入る寝室だと、女性が早く老けてしまいます。16時にはカーテンを閉め、部屋を休ませましょう。

ベッド以外の家具でも、角はなるべくつくらないように

シーツ

重曹で黄ばみやニオイをキレイに

シーツに汗や皮脂汚れが残ると、黄ばみの原因になります。黄ばみやニオイが気になる時は、重曹1／4カップを溶かした40℃の湯につけましょう。2時間後、脱水せずに洗濯機に入れ、洗うとキレイに。

重曹

シーツは汗や悪運を吸い、そのままにしていると運をどんどん下げてしまいます。こまめに交換し、週に1～2回は洗いましょう。

memo

寝具やパジャマを替えて悪運を落とす

シーツ・枕・パジャマをまめに変えると、運が変わりやすくなります。パジャマには睡眠中に出た悪運がつくので、朝起きたらすぐに着替えましょう。部屋着感覚でそのまま着ていると、悪運がついたままになってしまいます。睡眠中に身につけていた下着にも悪運がついているので、起床後に替えるとベストです。

パジャマと部屋着を別にすると、悪運を落としやすくなるよ

ドレッサー

まめな掃除でホコリを取る

ドレッサーの周辺にホコリがたまると、容姿がくすんでしまいます。ポリプロピレン製のハタキでホコリを取ったり、乾拭きで鏡やドレッサー本体を磨きましょう。使い終わる度にさっと掃除すれば、ホコリがたまらず、キレイな状態を保てます。

ぬらした新聞紙で鏡を磨くのも、ピカピカになるのでオススメです。鏡の前に余計なものを置かず、スッキリさせると美容運がさらにアップ。

memo

エアコンや音楽で寝室の気を穏やかに

寝室を掃除し、温度や湿度を調節すると快眠につながります。寝る前にエアコンをかけたり、リラックス系の音楽を流して、部屋をしずめると効果的。また、寝室を掃除する時は、ゆったりした静かな音楽をかけましょう。寝室の気が落ち着き、リラックスできる空間になります。

音楽を流している間、寝室に人がいなくても大丈夫です

column

運がよくなる捨て方

不用品には悪い気がこもり、そのまま置いておくと悪運を招きます。掃除して不用品が出てきたら、すぐに捨てましょう。

塩や日本酒をふる

塩や日本酒をふると、ものに宿った悪い気を清められます。塩は軽くひとつまみ、日本酒は数滴をかければOK。

晴れた日の、太陽が出ている時に捨てると、悪運をリセットできます。

感謝しながら捨てる

ものが役に立ってくれたことや、思い出に感謝しながら捨てましょう。今後、よりよいものに出会う縁を結んでくれます。

使っていて「いいことがあった」と感じる財布は、とっておいてもOK。キレイに拭き、押し入れなどの暗い場所に保管しましょう。

もの別・捨て方のポイント

ものに合わせた捨て方で、開運しましょう。

もの	捨て方
鏡	塩水につけてしぼった雑巾で拭き、白い布でくるんで捨てましょう。少し割ると悪運がリセットされ、運がよくなります。
包丁	塩水につけて拭き、黒い布かシルクで包んで捨てると金運アップ。
はし・カトラリー	紙に包んで捨てると、金運や家庭運が上がります。古いものを新品に替えると、家庭円満に。
人形	顔が汚れたままの状態で捨てると、美容運がダウン。捨てる前にキレイに拭きましょう。通気性のいい布や和紙で包み、他のゴミとは分けて捨てます。
手紙・郵便物	いらないものをためると、新しい縁を妨げてしまいます。不用になったらすぐ捨てましょう。好きでない内容のものは、シュレッダーにかけて。
元恋人の写真	１枚なら半分に折り、複数なら映っている面を合わせます。白い紙か布に包んで捨てると、新しい出会いを招きます。

収納

運をためる大切な場所。見えないところこそキレイにし、幸せを招きましょう

この運をアップ！

全体運
（運をためる・育てる）

クローゼットや押し入れ、蔵などの陰宅《いんたく》（隠れている場所）をキレイにするのは、運を上げるのにとても大切。見えないからといって汚くしていると、運がたまらなくなります。定期的にものを整理し、掃除や換気をしましょう。収納がキレイになるといい運が育ち、仕事や健康、お金、恋愛などに幸運をもたらしてくれます。

収納の開運ポイント

① ものは7〜8割程度にする

ものを詰め込むと、悪運がたまりやすくなります。幸せが入ってくるスペースもなくなり、いい運が逃げることに。不用品は捨て、空間に余裕を持たせましょう。

② 色や素材の格に合わせて整理する

服や小物は、上段に軽いもの、下段に重いもの、右に明るい色、左に暗い色という順で並べましょう。色や素材の格に合う順になり、運も見た目もよくなります。

③ しっかり換気して悪運を出す

収納を閉めっぱなしにしていると、湿気がたまって悪運が宿ります。ドアを開けたり風を通したりして、まめに換気や掃除を。炭や塩を置いて浄化するのも◎。

④ 使わないものは捨てる

何年も使っていないものや着なくなった服、今後も使わないものはゴミと一緒。ためると悪運をもたらすので、定期的に見直し、不用品はすぐに捨てましょう。

押し入れ

まめな掃除でスッキリと

押し入れやクローゼットは、ものを全て出してから掃除を。ハタキで天井や壁のホコリを落とし、掃除機をかけます。その後、固くしぼった雑巾で水拭きし、乾拭きを。風を通して乾かしてから、ものをしまいます。

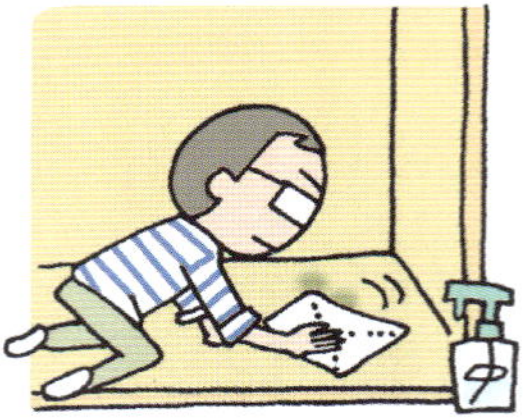

カビを見つけたら、エタノールをつけた雑巾ですぐ拭きましょう

押し入れ

悪運のもと・湿気を追い出す

押し入れは戸を左右10センチほど開け、片側から扇風機で風を通すと、湿気を出せます。床に新聞紙とすのこを敷いたり、四隅に重曹を入れた瓶を置くのも湿気対策に効果的。重曹の瓶はガーゼでフタをしましょう。

雨やくもりの日に風を通すのは、逆効果。晴れた日に行って

押し入れ

アロマの香りで虫食いを防ぐ

衣服や布団は、ラベンダーやレモングラス、ユーカリなどの精油で防虫・脱臭しましょう。精油を数滴垂らしたコットンをお茶パックに包み、収納の四隅や衣装ケースの中に置けばＯＫ。

香りが弱くなったら精油を足しましょう

布団がカビくさい時は、重曹を全体にふって2時間おき、掃除機で吸って陰干ししましょう。

衣装ケース　キレイに掃除し清潔に

衣装ケースは中のものを出し、掃除機でホコリを取って水拭きします。乾拭きした後、全体にエタノールをかけて拭き、よく乾燥させましょう。

二重にしたお茶パックに重曹を入れ、衣装ケースに入れれば、消臭や防虫ができます。

ケースの底に新聞紙を敷くと、除湿・防虫に◎。インクが服に移らないよう、白い紙を重ねて

タンス　引き出しも定期的に掃除を

新聞紙を敷いた床に引き出しを置き、中のものを出します。掃除機でホコリを取り、重曹水で固くしぼった雑巾で拭きましょう。最後にエタノールをスプレーして除菌し、乾いたらものを入れ、タンスに戻します。

重曹水で拭けば、消臭や防虫効果も期待できます

タンス　素材に合わせたお手入れを

木製やニスぬりのタンスは乾拭きし、お酢スプレーをかけた雑巾で拭きます。水気厳禁の白木や桐は、乾拭きやハタキのみに。取手などの金属は水拭きしてもOK。ケヤキはコーティングされていれば、薄めた中性洗剤をつけて固くしぼった雑巾で拭き、水拭きと乾拭きを。

高級タンスは扱いが難しいので、購入店に掃除法を聞きましょう

ベランダ

ものを整理したキレイな空間にし、あらゆる運を上げましょう

この運をアップ！

全体運（全ての運の入り口）

玄関と同じように、ベランダも運の入り口。新しい運を家に入れる、大切な場所です。ここが汚れると、いい運が逃げてしまい、幸せが入らなくなります。外気にさらされ、落ち葉や砂ボコリなどがたまりやすいので、床や排水口などを中心に定期的に掃除を。不用品を置かず、スッキリした空間にすることも忘れずに。

ベランダの開運ポイント

① 床や排水口が汚れると運気ダウン

床の汚れは運気ダウンにつながり、排水口が詰まると美容運や金運が下がります。落ち葉や砂ボコリなどがたまりやすいので、まめに掃除しましょう。

② 植物で運やチャンスをつかむ

植物を育てたり、ガーデニングを楽しむと運気アップ。落ち葉や土の汚れがたまらないよう注意。季節の植物を育てると、チャンスがつかみやすくなります。

③ 余分なものを置かない

不用品を置くなど、ベランダを物置のように使うと、いい運をはね返してしまいます。掃除がしにくくなり、汚れも悪運もたまるので、不用品はすぐ捨てて。

④ 物干し台もキレイに

物干し台が汚れると、いい運が家に入ってこなくなります。見落としがちな場所ですが、拭き掃除でキレイにしましょう。ピカピカに磨けば、才能運もアップ。

床など 月に一～二度はベランダを掃除

手すりや室外機などのホコリをほうきやブラシで落とし、床を掃きましょう。その後、水を流し、排水口に向かってデッキブラシでこするとスッキリ。

水が流せない場合は、ぬらした新聞をまき、ほうきで掃きます。

隣の家に水が流れないよう、注意しましょう

排水口 排水口のゴミはビニール袋で取る

裏返したビニール袋を手にはめて、排水口のゴミを取りましょう。袋を表に返すだけで、簡単に捨てられます。ゴミを取り除いたら排水口に水をかけ、ブラシで丁寧にこすりましょう。全体がキレイになったら水を流し、汚れを落とします。

床など ハトのフンは柔らかくして落とす

ハトのフンはぬるま湯をかけて柔らかくし、新聞やキッチンペーパーでこすり落とします。手すりについたフンにはキッチンペーパーをかぶせ、エタノールをかけて柔らかくし、こすり落としましょう。フンが取れたらエタノールをかけ、殺菌を。

フンが点在している場合はぬらした新聞をかぶせ、ぬるま湯をかけて柔らかくしましょう

column

ツキを呼ぶ！開運アイテム

掃除でキレイな空間ができたら、開運アイテムで運をさらにアップ！ ホコリをかぶっていると逆効果なので、いつもキレイにしましょう。

棚の中など、見えない場所に置いてもＯＫ

盛り塩

悪運を払います。玄関やトイレに置くと◎。汚れると効果がないので、１～２週間で交換を。

サボテンなど、トゲのある植物は縁を切るので注意

植物・花

悪運を取り、パワーをくれます。ホコリがついたらハタキをかけたり、軍手をはめた手で取って。

炭

空間を浄化し、湿気や電磁波を吸収します。収納スペースや冷蔵庫に入れると◎。かごや和紙入りの箱に入れるのがオススメ。

間接照明・ライト

玄関や階段下、廊下などの暗い場所に置くと、いい気を広げます。アロマライトだといい香りが広がり、良縁を招きます。

デスク周り

書類や文具が散らかりがちなデスクは、整理整頓で運気アップ

この運をアップ！

仕事運・結婚運

自宅でも会社でも、パソコンなどが置かれたデスク周りは、ものが散らかりがち。整理して掃除すれば、仕事運や結婚運が上がります。ファイルやボックスなど、収納グッズに色風水を活用するのも◎（→P186）。また、質のいいイスを使うと、座る人の格がアップ。クッションで座り心地よくするのもオススメです。

デスク周りの開運ポイント

① キレイなモニターでパワーチャージ

パソコンは太陽の光と同じ役割を果たし、パワーや活力を与えてくれます。モニターにふせんなど、余分なものは貼らず、掃除していつもキレイに。

② 引き出しやデスク下もキレイに

引き出しの中やデスクの下をキレイに整理すると、仕事運がアップ。デスク下が美しいと、結婚運も上がります。不用なものは捨て、定期的に掃除しましょう。

③ 小物の色で、ほしい運をゲット

右にピンクのものを置くと女子力アップ、黄色いものは金運アップ。左に青いものは仕事運、赤いものは健康運を上げます。左上に電話を置くと、有益な情報が入ります。

④ ハサミやカッターは引き出しへ

縁を切るハサミやカッターは、デスクの上に置かず、引き出しにしまいましょう。金属は暗い場所で保管する方が◎。悪運を切り、いい運をためてくれます。

パソコン

故障を招く ホコリを除去

モニターやパソコン本体は、傷がつかないように超極細繊維の掃除クロスでやさしく拭き、ホコリを取りましょう。USBやケーブルの取り付け口、熱を逃がすための通気口などには、掃除機を近づけてホコリを吸い取ります。

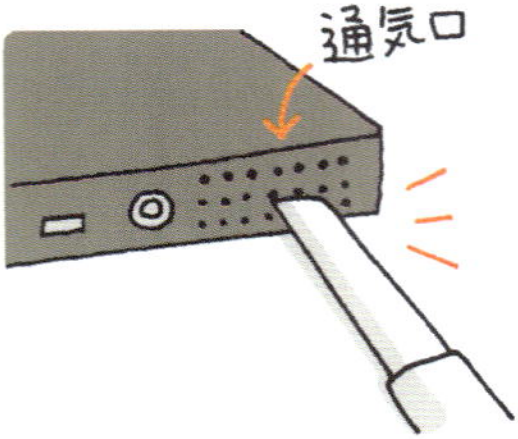
通気口

電源をオフにして掃除しましょう

モニターに指が触れると皮脂がつき、ホコリを付着させるので注意しましょう。パソコンのホコリは故障の原因にもなるので、まめに掃除を。

キーボード

溝やスキマの汚れをキレイに

キーボードの溝やスキマは、ゴミや汚れがたまりやすい場所。専用のブラシでホコリをかき出したり、綿棒などでこすり落としましょう。気になる手垢は、パソコン専用のウェットティッシュで拭くとキレイに。

シリコン製のブラシだと
ゴミがくっついて
掃除しやすいよ！

パソコン用のエアダスターやエアブラシで掃除するのもオススメ。キーボードに空気を吹きつけ、ホコリを出すことができます。

センサー部分やクリック
ボタンの周辺もキレイに

マウス

気づきにくい底面も掃除する

マウスは手垢で汚れやすく、底にも汚れがたまります。底は細かな部分や溝などが多いので、綿棒やつまようじで汚れをかき出しましょう。その後、パソコン専用のウェットティッシュで全体を拭き、キレイに仕上げます。

底の汚れで落ちないものがあれば、専用のクリーナーを綿棒の先につけ、拭きましょう。

デスク

もの の間にたまるホコリを掃除

デスクは、いらないものを片付けてから掃除しましょう。ポリプロピレン製のハタキをかけたり、モップや布で乾拭きして、ホコリを取ります。ごしゃごしゃしないよう、ものの整理も定期的にしましょう。

マイクロファイバーの
モップを使うと
ホコリが簡単に取れるよ

落ちない汚れには、薄めた中性洗剤をつけた雑巾で水拭きしましょう。その後、乾拭きでキレイに仕上げます。

本棚

棚の中も掃除して湿気を追い出す

本棚は、ハタキでホコリを取ります。半年に一度は本を全て外に出し、棚の中の掃除を。棚の内側にハタキをかけてホコリを取り、掃除機で隅々までキレイに。その後、重曹水をつけて固くしぼった雑巾で水拭きし、乾拭きして乾いたら、本を戻します。

掃除の際、本も虫干ししましょう。風通しがよく、直射日光の当たらない場所にシートを敷いて、本を並べます。

memo

いらない書類を捨てるといいアイデアがわく

不用な書類や新聞、雑誌をためていると、成長運や発展運を妨げ、チャンスを逃してしまいます。女性は老けた印象になることも。いらなくなったものは、すぐに処分しましょう。特に、うまくいかなかった仕事に関する書類や資料を捨てると、いいアイデアがわくようになります。

いらないものはためこまず、
すぐに捨てましょう

column

こんな間取りに注意！

運は、家の間取りにも左右されます。当てはまるものがあれば掃除をしっかりし、インテリアなどを工夫してフォローしましょう。

北

北に出入り口や窓がある

愛情やお金がたまりにくくなります。暖色系のインテリアや小物で、温かな雰囲気にするのがオススメ。

北東

北東に階段がある

財運が下がり、ケガしやすくなります。まめに掃除し、照明などで明るい空間にしましょう。

東

東に窓がない

物事への意欲が下がるので、照明やテレビを置き、明るい雰囲気に。赤い小物を置くのも◎。

南東

南東に水場（トイレ・お風呂・台所）がある

恋愛や美容に関するトラブルを招きがち。水垢や汚れはすぐに掃除し、換気して風通しよくしましょう。

家の中心に吹き抜けがあると、チャンスを逃しやすくなります。１階の中心に植物を置いたり、紫色のものを置いて運を補いましょう。

西

西に窓がある

散財しがちになります。女性が老けたり、不倫にはまりやすくなることも。16 時以降はカーテンを閉めましょう。

北西

北西に水場（トイレ・お風呂・台所）がある

女性が結婚できなかったり、カカア天下になります。小物などで上質な空間にすれば、男性とのバランスが取れます。

南

南に窓がない

才能が開花しなくなるので、光る小物や鏡を置きましょう。一対の背の高い植物を置くのも効果的。

南西

南西に水場（トイレ・お風呂・台所）がある

怒りっぽくなったり、根気がない状態になります。どっしりした小物や茶色のもので、落ち着いた雰囲気にしましょう。

全体

間取りがデコボコしている

全体運が下がります。欠けているところは念入りに掃除し、壁に鏡を飾って、運を補いましょう。

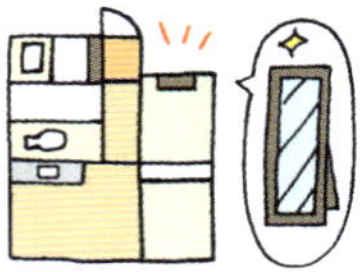

室内が映るように
鏡を置きましょう

第３章
開運インテリア

よーし、仕事終わった～
ふー
予定より早く終わったじゃん
ふふ
♪
最近仕事がはかどるんだー
これも色々と掃除したおかげかもな
資料も探しやすくなったし
ピーンポーン
こんにちは～
またまた打合せでーす
伊賀名物
おうち、ますますキレイになりましたね
あらあら
先生のおかげです～
はーっ

今日は開運の話をしましょうか
じゃあ恋愛運からお願いします
ずいっ
私…じゃなくて読者のために!!
恋愛運アップのカギは南東よ
方向オンチ
な、なんとー？？
8つの方位と中心の合計9ヵ所に、それぞれ司る運や色・数があるの
南東はここね
北
東
西
中心
南
→詳しくはP184へ
恋愛運を司る方位は南東で、色はピンクやライトグリーン、数字は4
おおーっ
だから南東にピンクの花を4本飾るといい恋愛を呼びますよ
小物とかでもOK!!

でも…方位っていうと難しそう…
間違えそうですぅ
スマホのアプリで簡単に調べられますよ
「お昼に太陽がある方＝南」で調べてもOK
あー
南東は家全体で見ての南東でもいいし
N
南東
部屋の中の南東でもOKです
金運は、西で黄色…
西
じゃあ黄色まみれにすれば…
ニシシ…
黄色はお金を呼びますが
黄色だけだと刺激が強くてお金が出ていってしまいます
先生!?
心の声まで読めるのか…!?
ビーム

お金は呼んだ後に貯めることが大切！
西に黄色のもの、北東に黄×白のものを置き、北に金庫を置くといいですよ
❸北＝金庫
お金を貯める方位
❷北東＝黄×白
お金を変化させる方位
（財産にするなど）
わーい
❶西＝黄
お金を呼ぶ方位
置くものは小物やカーテンなど何でもいいんですね
へえ〜〜
N

お金はオレンジやピンクなど、温かい色が好きなんです
ぬくぬく
くつろぐ〜
オレンジやピンクの布でお金を包み、金庫に入れると
お金を増やせますよ
お金持ちの金庫は、中がピンクになっていることが多いです
ショッキングピンクとか…
いや〜ん
ドキドキしちゃう
家の中心は最もパワーが強い場所なので
そこに金庫を置くのも金運アップに効果的！
こんなふうにインテリアの色や数を工夫すれば
ほしい運をどんどん上げられますよ
ステキ〜

あと季節ごとにインテリアを変えるのもオススメ
夏は麻やガラスなど
冬はもこもこ素材など
食べ物と同じで旬を楽しむと、チャンスをつかみやすくなります
いい人との出会いとか大きな仕事とか…
インテリアを全部変えないとダメですか？
大変そう～
季節に合う小物を置いたり、季節の花を飾るだけでもいいわよ
食器を変えるのもOK!!
へー
掃除と一緒で、開運アクションも楽しくやることが大切！
お金さーん いっぱい きてー♪
西
いいなと思うものを気軽にやってみてね
はーーい

金運

西の方位でお金を呼び、北の方位で貯めて増やすのがポイント

黄色でお金を呼び暖色系で貯める

西に黄色の小物や果物を置くと、お金が入ります。ただし、黄色ばかりだとお金がすぐ出ていくので、北にピンクやオレンジなどの暖色系のものを置き、貯蓄運も上げましょう。北東に黄×白のものを置くと、財産や不動産の運がアップ。株の運を上げるには、北西をキレイにし、インテリアを豪華に。

金運アップに効く色やモチーフ

色

黄・ゴールド・オレンジ

モチーフ・模様

果物（実のなるもの）

丸いもの・うずまき

数字

1（貯蓄）・7（収入）

8（財産・不動産）

方位

西（収入・お金を呼ぶ）

北（貯蓄・お金を増やす）

北東（財産・不動産）

北西（株・ギャンブル）

西に置くもので金運アップ

西にクリスタルなどの光るものや果物を置くと、金運が上がります。また、お酒を西に置くのもオススメ。お酒はもともとは米や果物なので、西に果物を置くのと同じ効果が得られるのです。

棚の中など、見えない場所に置いても効果があります

お酒を置くのは、家全体から見て「西」にあたる場所でもいいし、台所の空間における「西」の場所でもOKです。

北を温めるとお金が貯まる

北は入ってきたお金を貯め、増やす方位。太陽の光が入りにくく、暗くて寒い雰囲気になりがちなので、ピンク系やオレンジ系のインテリアで温かな雰囲気にし、貯蓄運を上げましょう。また、北枕で寝るとお金が貯まるようになります。

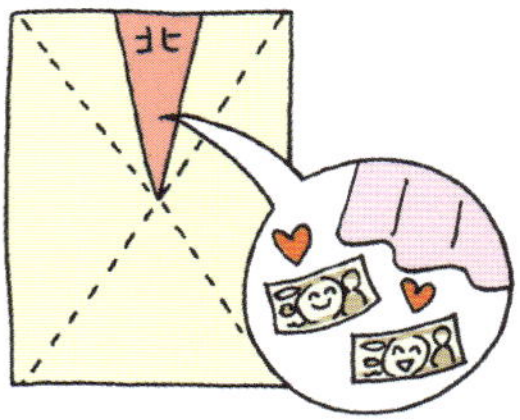

布などをかけ、温かい雰囲気にしましょう

インテリアに限らず、ちょっとした小物を置くだけでもOKです。

玄関の左に鏡を置き、財運を上げる

玄関を開けた時、鏡が左側にあると財運がアップ、右側だと仕事運がアップします。玄関を開けて正面に鏡があると、家に入ろうとするいい運をはね返してしまうので注意。正面に置く場合は、鏡の前に植物を置きましょう。

合わせ鏡は、お互いの力を打ち消してしまいます。鏡をかけるのは片側だけにしましょう。

財布を丁寧に保管して金運アップ

財布は、専用の引き出しやフタのある箱に保管すると、金運アップ。北の暗い場所に保管すると貯蓄運が上がり、お金が貯まるようになります。保管する時にピンクやオレンジの布で財布を包むと、お金が増える効果も。

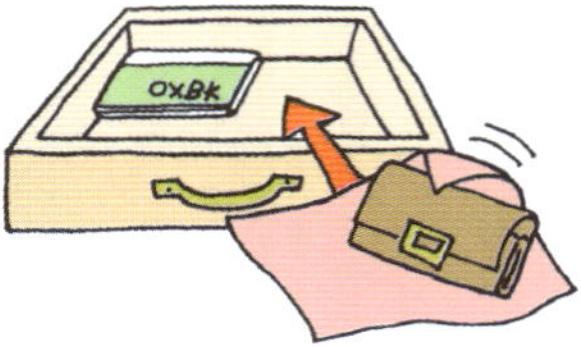

通帳など、お金に関するものは
一緒に保管してOKです

寝室の北側に保管すると、貯蓄運がさらに上がります。

台所にお金に関わるものは置かない

財布や通帳など、お金に関わるものを台所に置くのはＮＧ。台所の火の気がお金を燃やしてしまったり、水の気がお金を流してしまうなど、金運が落ちてしまいます。財布や通帳は、別の部屋に置きましょう。

腕時計やカギ、アクセサリーなどの貴金属も、台所に置くと運気を大きく下げてしまいます。台所には置かないようにしましょう。

memo

丸い腕時計で金運・対人運アップ

フェイスが丸い腕時計を使うと、金運と対人運がアップ。フェイスが四角い腕時計だと仕事運が上がり、プレゼンで勝ったり、企画が通りやすくなります。トノー型（樽の形）の時計は、金運・対人運・仕事運の全てを上げる万能型です。また、音の鳴る壁時計や置き時計を東に置くと、金運と仕事運が上がります。

シーンに応じて使い分けるのもオススメ

水場と冷蔵庫が金運を左右する

台所・お風呂・トイレなどの水場が汚れると、金運が下がり、浪費しやすくなります。また、食材をムダにしてしまうと、お金が貯まらない体質になることも。水場と冷蔵庫の中身をキレイにし、金運をキープして。

金運がよくないと思ったら、水場の汚れをチェック！

収納を整理して財運を上げる

収納スペースがごちゃごちゃしていると、財運がダウン。ものがあふれると、いい運も入らなくなります。クローゼットや押し入れ、棚などは定期的に掃除・整理を。不用品はすぐ捨て、空間に余裕を持たせましょう。

memo

金運＆恋愛運アップでセレブ婚ゲット

セレブ婚をねらうなら、金運と恋愛運（→P163～）を同時に上げましょう。金運が上がるとお金持ちに出会いやすくなり、恋愛運が上がれば、その人と結ばれやすくなるのです。

恋愛運

花や香りが恋愛運アップに効果的。南東がいい出会いを呼びます

ピンクや花柄で恋愛運をアップ

恋愛運は南東が重要。インテリアの色や花を工夫し、運を高めましょう。ピンク・花柄・ハートは、どの方位で使っても恋愛運を上げます。

一方、メタリック素材やモノトーンのインテリアは、恋愛運・家庭運を大きく下げます。使うなら布をかぶせたり、明るい色の小物を置いて、運気ダウンを防いで。

恋愛運アップに効く色やモチーフ

色

ピンク・オレンジ・緑・白

モチーフ・模様

ハート・リボン・花・果物
うずまき・ストライプ
ドット

数字

4（恋愛）・5（家庭や子宝）
7（結婚）

方位

南東（出会い・良縁を招く）
西（結婚）
南西（家庭・子宝）

南東に花を飾って素敵な出会いを呼ぶ

南東に花を飾ると、出会い運が上がります。4本か4種類の花にすると、効果がアップ。花の色はピンクが恋愛運、オレンジが結婚運を上げます。白は健康・スポーツマン、黄はお金持ち、青は仕事ができる人との縁を招きます。紫は悪縁よけに効果的。

アイビーなどの長い葉と一緒に飾ると、効果アップ！

造花でもOKですが、パワーは生花に比べると1/3ほどになります。ホコリがたまると効果が下がるので、キレイにしましょう。

南東にいい香りで縁結び効果

南東にアロマや香水、芳香剤などを置くと、素敵な出会いや縁を招きます。特にフローラル系の香りや春っぽい香りだと、効果アップ。好きな人に関わるものや写真を一緒に置くと、その人との縁を結んでくれます。

恋愛にはローズやゼラニウム、ジャスミン、ピーチなど甘い香りが◎

ハートやリボン、ストライプなどの写真立てを使うのがオススメ。

南東に電話でいい連絡が来る

南東に携帯電話を置くと、恋愛に関するいい情報が入ってきたり、好きな人から連絡が来るようになります。携帯電話の色やケースをピンクやオレンジにするのも、恋愛運アップに効果的です。

携帯ケースの模様でも、開運できます。ストライプは良縁を呼び、ドットは好きな人に偶然会えるなど、タイミングがよくなります。

北は暖色系を使って温かい雰囲気に

北は男女の縁や交際、愛情を司る方位。ここに濃く、鮮やかなピンクのものを置くと、結婚運や恋愛運がアップ。また、玄関や台所が北にある場合、オレンジやピンクで温かい雰囲気にすれば、恋愛や人間関係が豊かなものになります。

オレンジ系の照明で温かみを
加えるのも効果的

北の玄関や台所が暗い雰囲気だと、男女の仲が冷えてしまうので気をつけて。

南東・北のパワーで恋を実らせる

恋愛を実らせたいなら、南東と北にピンクのインテリアや小物を置くのがオススメ。南東からいい出会いがもたらされ、北の「ためる・育てる」力が、男女の仲を深めてくれます。

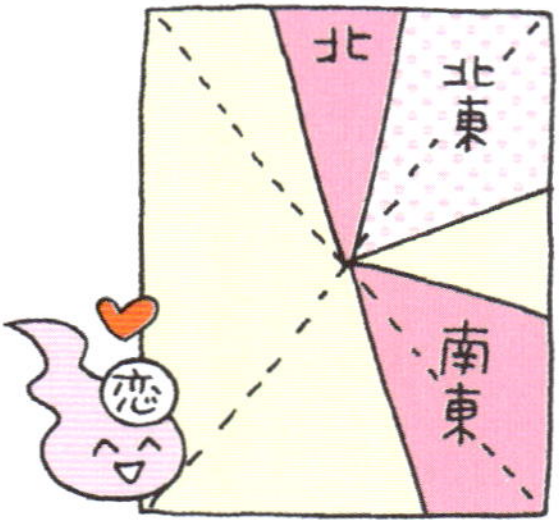

「最近マンネリ気味」「恋愛がうまくいっていない」と感じたら、北東にピンク×白のものを置きましょう。恋愛運に変化を起こすことができます。

クッションで出会いをつかむ

リビングのソファなどにクッションを4つ置くと、良縁を招きます。色や模様は、ピンクやストライプがオススメ。季節に合う素材や色を使うと、いい出会いなどのチャンスをつかみやすくなります。

ハートや花柄を使うと、恋愛運がさらに上がります

上質なクッションで座り心地をよくすると、自分の格が上がり、ハイレベルな人とも出会えるようになります。

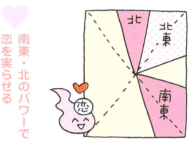

丸いテーブルは男女の仲を深める

小さな丸テーブルを使うと、男女の仲が深まります。ただし、子どもがいる家で使うと、子どもが内向的になることも。テーブルは子どもの成長に合わせ、大きなものに変えましょう。

南西に赤い小物やインテリアを置くと、夫婦円満に効果的です。

南東と西を使って玉の輿運アップ

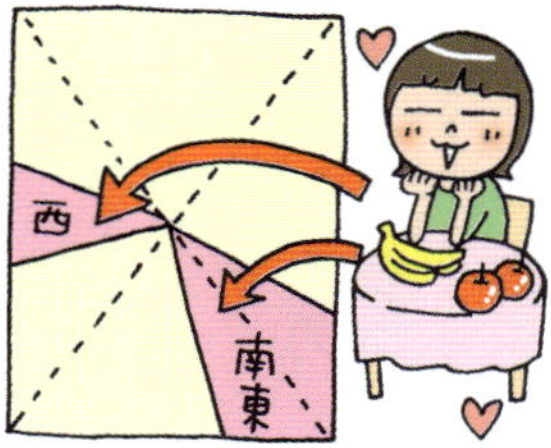

玉の輿に乗りたい人は、南東と西のパワーを上げましょう。南東と西を掃除し、それぞれに果物とピンクの小物・インテリアを置くと◎。南東が出会い運を、西が金運を上げ、お金持ちの人との出会いを呼びます。

寝室に香りと花でいい恋愛を招く

寝室にいい香りを漂わせると、出会い運が上がり、美しさも高まります。ローズやジャスミンなど、花の甘い香りが効果的。花柄のシーツやマットを使ったり、起きて目に入る場所に花を飾ると、恋愛運がアップ。

恋愛運アップには、東枕や南枕が◎。西枕は不向きです。

美容運

南を明るい空間にし、水場をキレイにすると、美容やダイエットに効果的

南のパワーでいつもキレイに！

南のインテリアを工夫すると、美容運とアンチエイジング効果がアップ。鏡やガラスなど、光るものを磨くと、美容運が上がります。また、部屋が汚いと脂肪をため込みやすくなるので、掃除と整理整頓を忘れずに。台所やお風呂、トイレの汚れは美容運を落とすので、徹底的に掃除しましょう。

美容運アップに効く色やモチーフ

色
ピンク・グリーン
ゴールド

モチーフ・模様
リーフ（葉）・月・蝶・星
太陽

数字
2（美貌・才能）

方位
南（美貌や才能を高める・アンチエイジング）
南東・南西（美肌をつくる）

家じゅうの鏡やガラス・グラスをピカピカに

家じゅうの鏡やガラス、グラスを磨くと、美容運が強力にアップ。鏡に余計なものをつけると美容運が下がり、掃除もしにくくなります。吸盤フックなど、余計なものはつけないようにしましょう。

鏡に汚い部屋が映ると、容姿に悪影響。
部屋の掃除もしましょう

欠けた鏡を放置していると、代謝が悪くなり、太りやすくなります。すぐに捨てましょう。

南に鏡を置くと顔も体もキレイに

南は太陽の光がたくさん入り、物事を明らかにする方位。そこに全身が映る鏡を置くと、ダイエットに成功しやすくなります。また、南にドレッサーを置いてメイクすると、美しさに磨きがかかります。

洗面所の鏡でメイクすると、美容運が下がるのでやめましょう。

南に光るものを置き美容運・全体運アップ

クリスタルの小物やサンキャッチャーなど、南に光るものを2つ置くと、差し込む太陽の光が増幅し、美容運を高めます。部屋全体に明るい光が広がり、全体運が上がる効果もあります。

カーテンのタッセルも左右で２つなので、キラキラしたものやゴールドのものにすると、美容運アップにつながります。

南に一対の植物でアンチエイジング

南に一対の植物を置くと、美容運が上がります。緑は若さの象徴でもあるので、南のパワーと重なって、アンチエイジング効果も期待できます。

南に花瓶にさした花やグリーンを置くと、気のバランスが崩れてしまいます。南には、背の高い鉢植えの植物を置きましょう。

洗面所を美しく整え、キレイな容姿に

洗面所の鏡に映るものが、その家の女性の容姿に影響をおよぼします。余計なものが映らないよう、鏡の周りはキレイに整理しましょう。一輪でもいいので花を飾ると、美容運をさらに高められます。

花と一緒にグリーンを飾れば、アンチエイジング効果がアップ。いつまでも若く、キレイな女性でいられます。

memo

ペアのものを磨くと美容運アップ

美容運を高める数字は「2」。靴やピアス、スリッパ、メガネなど、2つで1つのものの質を上げたり、ピカピカに磨くと、美容運が上がります。開運カラーのピンクやグリーン、ゴールドを使ったり、キラキラ光るラインストーンなどがついたものにすると、さらに効果的です。

キラキラしたシューズクリップを
靴につけるのもオススメ

南東にキレイな水で肌を美しく

南東にキレイな水を置くと、みずみずしく美しい肌になれます。花をさした花瓶や水槽などを置きましょう。ミネラルウォーターを入れたコップを置くだけでもOKです。

アロマオイルなどで花の香りを漂わせれば、恋愛運もアップ。

新品のものと交換しましょう

古い家具や服は自分を古くする

アンティークの小物や家具には、前の持ち主の念が入っています。それを使っていると、自分がお古になってしまい、容姿がくすんだり、肌が荒れたりするので、すぐに替えましょう。服も、家族のお下がり以外の古着は避けるのがオススメ。

memo

質のいい下着でいい運を取り入れる

質がよく、女性らしい下着を身につけると美容運アップ。レース素材でピンクの下着は、肌や髪を美しくし、恋愛運も高めます。黒やグレーの下着は、婦人科系の病気を招くので避けて。

ツヤツヤして肌触りのいい素材が、恋愛運を上げます

仕事運

東と北西のパワーで仕事運をアップ。豪華なインテリアが出世を招きます

東・北西を工夫し成功をつかもう

仕事運を上げるには、東のパワーが大切。掃除し、赤や青の小物、成長を表す植物などを置くと効果的です。また、北西は男性（家の主人）の運を司る方位。質のいいインテリアや、仕事関係のものを置くと、仕事運が上がります。北西にお風呂やトイレがあると仕事運が下がりやすいので、掃除は念入りに。

仕事運アップに効く色やモチーフ

色

ゴールド・青・緑・赤

モチーフ・模様

星・カギ・ドット
ストライプ

数字

3（成長）・6（出世）
8（チャンス）

方位

東（仕事・成長・発展）
北西（男性や家の主人の運・出世・株）
北東（変化・チャンス）

仕事運アップには北西がポイント

家の主人の方位・北西を仕事部屋にすると、仕事運がアップ。インテリアはベージュでまとめ、ポイントでゴールドを使いましょう。また、北西に仕事や上司、神仏に関わるものを置くと、仕事運アップに効果的。

北西にゴルフボールなど、白くて丸いものを６個置くと、仕事の成功や出世を後押ししてくれます。

南東に仕事グッズで人間関係を円滑に

南東は人間関係を司る方位。そこに仕事で着る服やカバンなどを置くと、対人運が上がります。職場の人間関係がよくなり、仕事がスムーズに。営業職の人は交渉などがうまく進み、成績アップにつながることも。

人間関係がよくなり、仕事のサポートも得られやすくなります

常に南東に置く必要はありません。初対面の人に会う前や、大切な商談・プレゼンの前日にするだけでもＯＫです。

東に情報機器を置いて有益情報をつかむ

東にテレビやパソコン、電話などの情報機器を置くと、仕事に関する有益な情報が入ってきます。また、東に窓がないと、仕事へのやる気が下がってしまいます。テレビやオーディオなどを置いてにぎやかにし、解消しましょう。

東に間接照明を置いて明るくしたり、赤い小物を飾ると、仕事に向かうパワーが高まります。

memo

上質な仕事グッズでステータスを上げる

革のカバンや高級な文具など、仕事で使うものの質を上げると、仕事の格が上がります。特にペンは自分のステータスに直結するものなので、いいものを使いましょう。シルバー系は集中力、赤はアイデア力や企画力を高めます。青や緑は、仕事の効率アップにつながります。

自分が使っているものに見合うレベルの仕事が、手に入るようになります

植物と机の向きで仕事の活力アップ

植物が、仕事や勉強に打ち込むパワーをくれます

机の両側に背の高い植物を置くと、仕事や勉強に向かうパワーをもらえます。また、机を北向きにすると、物事にコツコツ取り組むことができ、仕事や勉強に集中できます。語学の勉強には、東向きの机が効果的。

アイデアを出したり、才能を開花させたい時は、南向きの机がオススメ。

豪華なインテリアで上司運を上げる

インテリアをシックで重厚なものや、ゴージャスな素材のものにすると、上司運がアップ。上司や目上の人にかわいがってもらえたり、重要なポジションに引き上げてもらえるようになります。いい人や仕事を紹介してもらえる可能性も。

インテリア全部を豪華にするのが難しい時は、イスだけでも質のいいものにしましょう。

ガラスのテーブルは過去に執着しがちに

天板がガラスのテーブルを使っていると、過去の成功や栄光に縛られてしまいます。これまでのやり方から抜けられず、新しい発想に消極的になることも。ガラス部分に布を敷けば、新しい発想や可能性に目を向けることができます。

質のいいテーブルクロスをかければ、仕事運も上がります

東枕はやる気アップ 南枕は才能開花

東枕で寝ると仕事運と健康運が上がり、パワフルに働けます。南枕は才能開花を促し、発想力やひらめき、いいアイデアをもたらします。ただし、南枕は寝過ごしやすくなるので、気をつけましょう。

memo

高級な食器で出世運アップ

食器やはしを高級なものにすると、使う人の格がアップ。安っぽい食器や好みでないものを使うと、いい仕事が来なくなることも。季節に合うはし置きやランチョンマットを使うと、チャンスをつかめます。

季節に合わせて食器を変えると、時の運を得られます

健康運

成長や発展を促す東が、健康運のカギ。赤い小物で活力アップを

東の太陽のパワーで元気に過ごそう

仕事運と同じく、健康運アップには東が重要。太陽のパワーを象徴する赤いインテリアや小物を東に置くと、健康運が上がります。また、色や音楽で寝室を心地よくすると、眠りの質が上がり、健康運や美容運がアップ。メタボに悩む人は、南の窓や鏡を磨くと、ダイエットに成功しやすくなります。

健康運アップに効く色やモチーフ

色
緑・赤・青・オレンジ
白

モチーフ・模様
リーフ（葉）・果物・鳥
乗り物（車や飛行機など）
ペイズリー

数字
3・8（ともに若さ・成長）

方位
東（若さ・成長・活力）

東に３つの赤いもので健康運アップ

東は、若さや成長を司る方位。そこに赤いものを３つ飾ると健康運が上がり、アクティブに行動できるようになります。花やリンゴ、小物など、赤いものなら何でもＯＫ。

車や飛行機など、乗り物の写真や絵を飾るのもオススメ。健康運が上がり、毎日元気に過ごせます。

健康運

早寝早起きには東枕　快眠には西枕が◎

東枕で寝ると早寝早起きができ、健康運に◎。その際、枕元に赤や青の時計や小物を置くと、健康運に加えて仕事運もアップします。また、西枕はぐっすり眠ることができ、疲れがしっかり取れます。

西枕は健康運には効きますが、恋愛運は下げてしまうので、気をつけましょう。

テレビを西に置くとなまけてしまう

テレビを西に置くと、居心地がよすぎてテレビに夢中になり、外に出るのがおっくうになります。なまけものになり、やる気も下がるので、西に置くのはやめましょう。テレビは東に置くと、いい情報が入ってくるようになります。

テレビから離れられなくなってしまうので、気をつけて

南に窓がない部屋なら、テレビを南に置くのもオススメ。テレビが太陽の光の代わりになり、活力をくれます。

水場の上か下で寝ると不眠に

水場（台所・お風呂・トイレ）が上か下にある場所で寝ると、不眠を招きます。ストレスがたまってイライラし、キレやすくなる恐れも。寝る場所は、上や下に水場がないところにし、快眠をキープしましょう。

寝る場所を変えられない場合は、白のシーツを使うか、寝具と床の間に白い布を敷いてガードしましょう。

派手なファブリックは快眠の妨げに

寝室のカーテンやベッドカバーは、部屋の中でも大きな面積を占めるもの。それが派手な色柄や幾何学模様だと、気が乱れてゆっくり休めません。寝室は穏やかな色でまとめ、リラックスできる空間にしましょう。

落ち着かない色や柄は避けましょう

やさしい緑色やリーフ柄の寝具を使うと、健康運を上げられます。若々しさをキープし、仕事運を上げる効果も。

memo

水太りの原因は部屋の水分不足？

乾燥してうるおいが足りない部屋には、「水がほしい」という部屋の気があふれます。するとその気が住む人に移り、体に水をため込んで、水太りしてしまうことも。水太りに悩む人は、加湿器などで湿度を調節し、部屋を快適にしましょう。

部屋や家の持つ気が人に移り、体のトラブルや不調を起こすことに

全体運

幸運を招き、悪運を断つことで運全体を上げましょう

幸せのラインをキレイにする

玄関（全ての運の入り口）と家の中心（家の中で最もパワーが強い場所）をつなぐ部分を「幸せのライン」と呼びます。ここをキレイにすると運が一気に上がるので、整理や掃除をしっかりしましょう。

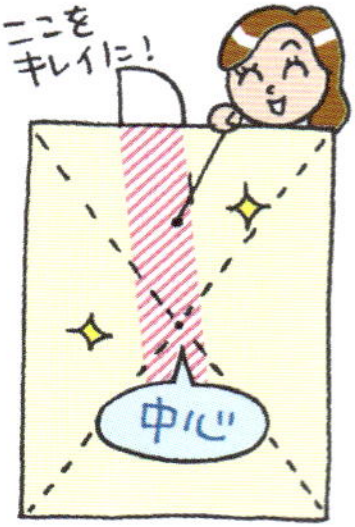

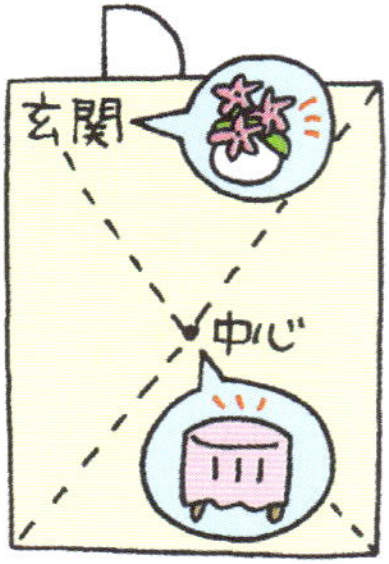

色のリレーで幸せを倍増させる

玄関と家の中心に同じ色のものを置くと、幸せがリレーされ、幸運に恵まれます。恋愛運アップのために玄関にピンクの花を飾ったら、家の中心にもピンクのものを飾りましょう。

ゴールドの小物で悪運を切る

寝る時、武士が枕元に刀を置いて身を守っていたように、枕元に貴金属を置いて寝ると、悪運を切って、いい運を得ることができます。ゴールドのアクセサリーや小物などでOK。

column

方位ごとの開運ポイント

８つの方位と中心には、それぞれ司る運があります。その方位の色や数字をインテリアに取り入れれば、ほしい運を効果的に上げられます。

方位の調べ方

❶ 家か部屋の四隅を対角線で結び､交わる点（中心）を探します。

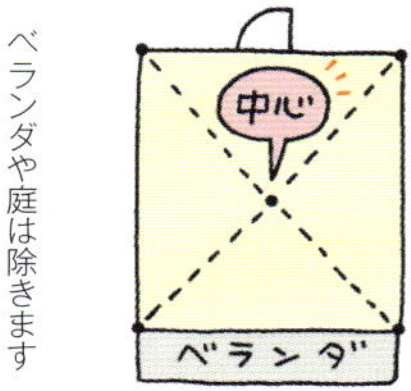

デコボコした間取りの場合、間取りの裏に針を刺してバランスが取れる場所が「中心」です。

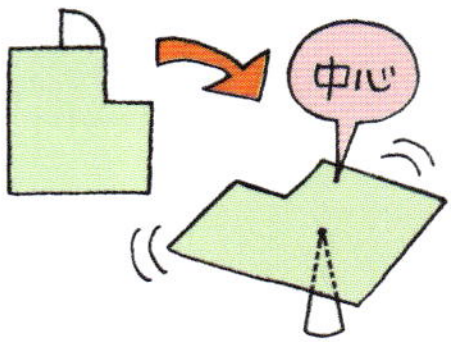

❷ 中心に立ち、スマホや方位磁石で東西・南北の線を調べます。

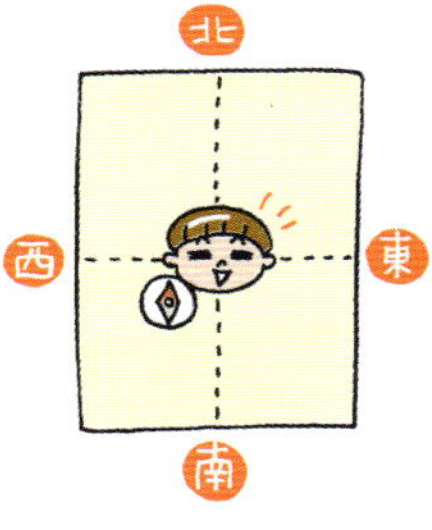

❸ 東西・南北の線から、左右に15°ずつ広げた空間が「北」「南」「東」「西」です。

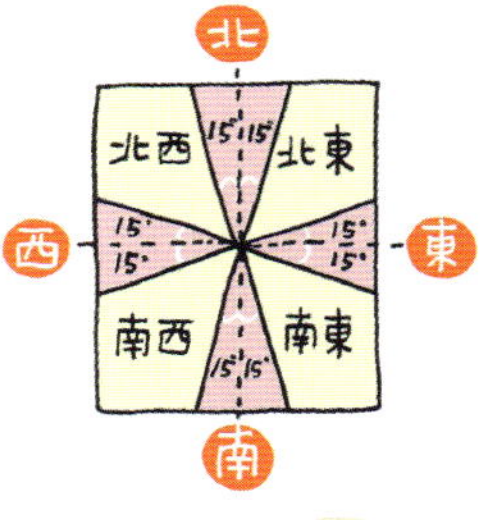

方位の司る運について

方位ごとに、司る運が変わります。それを強める開運カラーや数字もあるので、開運に役立てましょう。

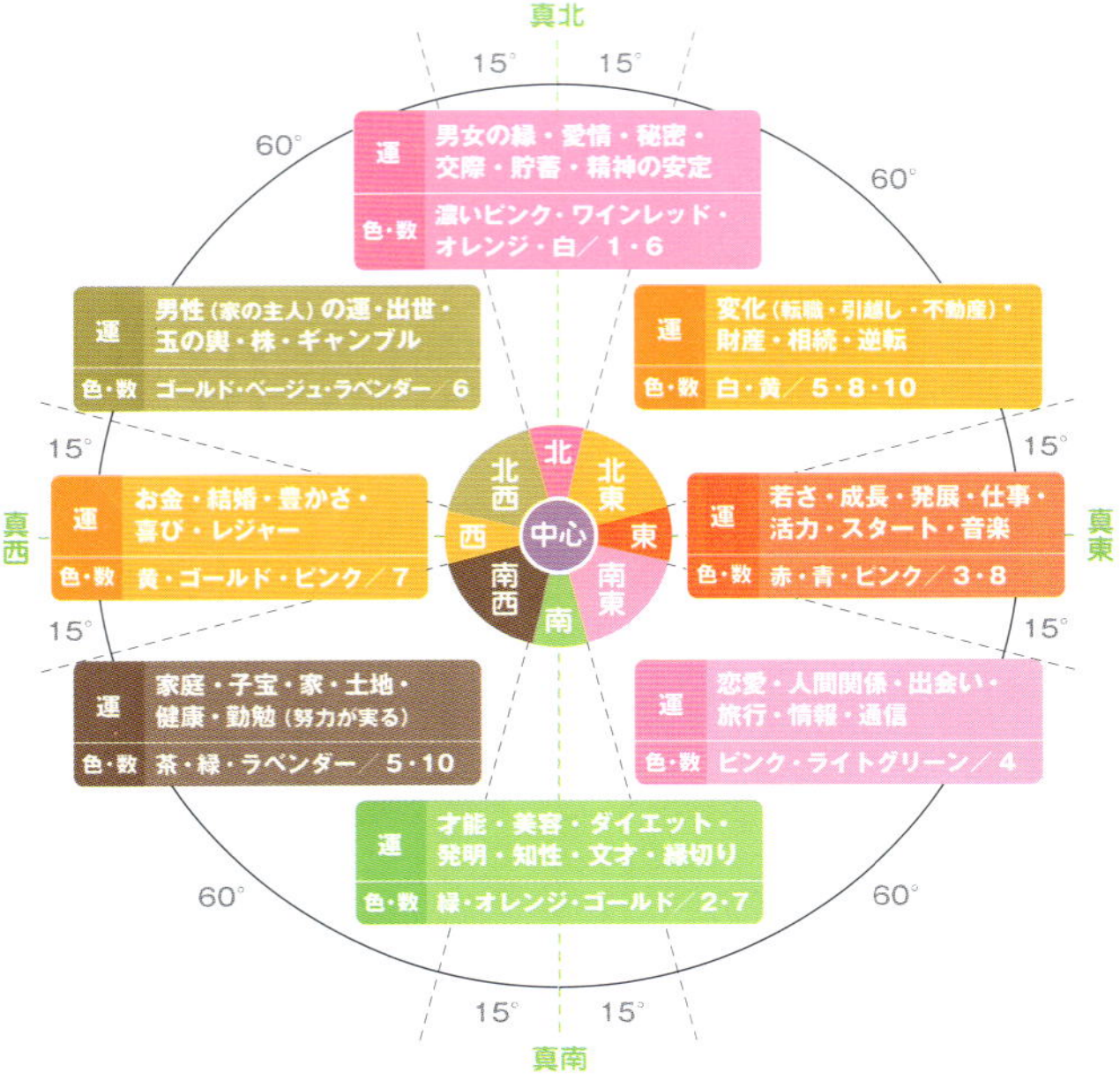

中心の開運カラーは、ラベンダーやゴールド。家や部屋の中心にその色を取り入れると、全体運が上がります。

方位の活用の仕方

自分のほしい運がある場所を掃除し、色や数字をインテリアなどで取り入れれば、運を強力に上げることができます。

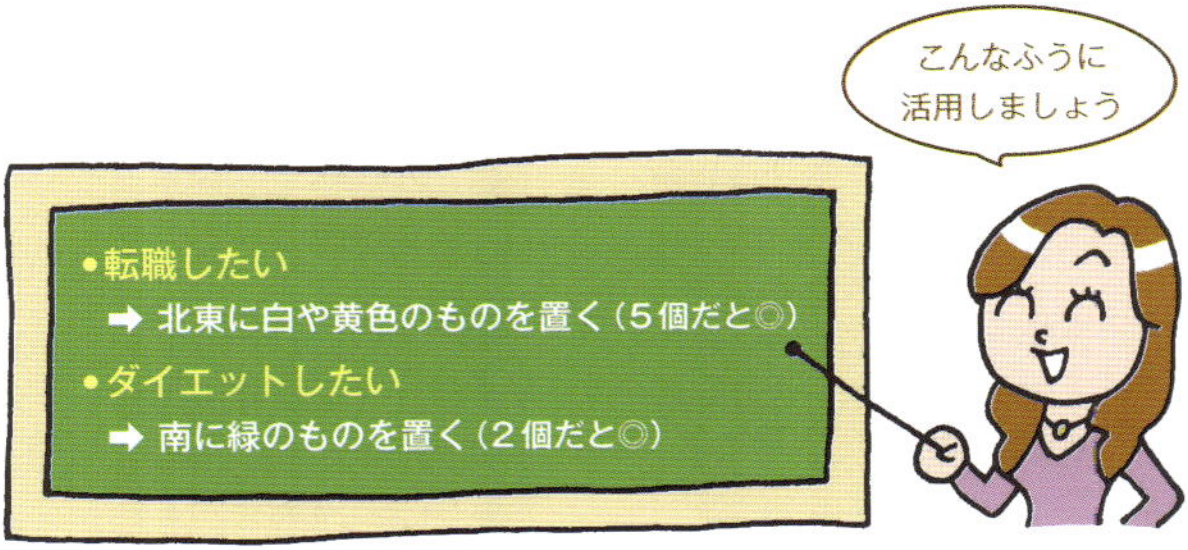
こんなふうに
活用しましょう
●転職したい
➡ 北東に白や黄色のものを置く（5個だと◎）
●ダイエットしたい
➡ 南に緑のものを置く（2個だと◎）

ハワイ旅行
行きた〜い
ハワイ

夢に関する写真や雑誌、ものなどを置きましょう

家の中心には夢を叶える力がある

家の中心は、気が集まりやすい場所。ここに憧れの人の写真や叶えたい夢に関するものを置くと、実現する可能性が高まります。

部屋の中心にも同じパワーがあるので、夢の実現に活用しましょう。いずれもキレイな空間にしておくことは必須なので、掃除を忘れずに。

column

色風水で運気アップ！

ほしい運の色をインテリアや小物に使えば、気軽に運を上げられます。

白
心身を浄化し、新しいチャレンジや出会いをスムーズに運びます。人間関係を豊かに育む効果も。

ピンク
恋愛運の最強カラー。やさしさをもたらし、人間関係全般を豊かにします。コーラルピンクは結婚運に◎。

黄
金運や楽しみごとをもたらす色。クリームやベージュは人からいい返事がもらえたり、告白されたりします。

青
大きな発展をもたらし、仕事運や出世運を上げます。心を穏やかにし、人との信頼関係を育みます。

ゴールド
全ての運を上げる万能カラー。才能開花をサポートし、財運や玉の輿運を高めてくれます。

赤
健康運と仕事運をアップ。活力や決断力を高め、仕事や試験などの勝負ごとに強くなれます。

オレンジ
人から好かれるようになり、出会い運・結婚運をアップ。前向きな気持ちになり、子宝にも恵まれます。

緑
心身をリラックスさせて活力を高め、健康運・仕事運・家庭運を上げます。成長をサポートする効果も。

紫
身につける人の格を上げ、出世運や才能運アップ。厄を落とす効果もあり、いい運をキープできます。

緑のパワーUP!!
白と一緒に使うとその色の運が倍増するよ

column

モチーフ＆模様の効果

インテリアや小物などのモチーフや模様で、ほしい運を高めましょう。

ハート

恋愛運を上げ、愛情を深めます。中が抜けてないものがオススメ。

花

大きな花は女性を華やかにし、小さな花は出会いと美をサポート。

リーフ（葉）

成長・若さを与え、仕事運や美容運アップ。人間関係もよくします。

果物

豊かさを表し、金運・結婚運をアップ。子宝をもたらす効果も。

星・太陽

才能運を上げ、魅力を高めます。チャンスや良縁も招きます。

蝶

美容運を高めます。変容を象徴し、ダイエットにも効果的。

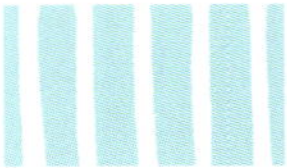

ストライプ

良縁を呼び、コミュニケーションをスムーズにします。

ドット

物事の流れがよくなり、タイミングが合うようになります。

チェック

人間関係を良好にし、金運や健康運をプラスに変化させます。

後日
にしださんのおうち、キレイになりましたね～
先生のアドバイスを実践してラッキーなことが色々ありました
お仕事の依頼が来たり…
ラッキー
金券
買い物したら金券がついてきたり…
お肌もツヤツヤしてきたり…
ほんとにほんとにありがとうございます～
北野サマ～～
あらあら
にしださんの努力の賜物よ～

掃除…前はめんどくさかったんですけど
♪
しているうちにだんだん楽しくなってきました
おうちへの愛着もわいてきたような…
I♡家
家族のケンカも減ったし、イライラも少なくなったし〜
自分の持ち物や部屋、車などを大切にするとそれぞれから幸せがもらえるんです
家をキレイにすれば家が家族を守ってくれるし
守るよ〜
ものを大切にするとさらに質のいいものが手に入りますよ
へ〜
食器を大事にする
あの家いいよ〜
食器業界でいいウワサが立つ
いい食器が手に入る

今の家に感謝して大事にすれば、さらに運のいい家に引っ越すチャンスも来ますよ
ありがとーおうち
グレードアップした家にお引越し!!
やった〜
すごーい
ただいまー
おかえり〜
遊んできたよー
ふきふき
さっ
こんなに成長して…
じ〜〜ん
おやつおやつー
お掃除、がんばってよかった〜